"Il ne sert à rien de se frotter à un homme invincible".

"Il ne sert à rien de se frotter à un homme invincible".

l'Homme Invincible

John Danen

Published by John Danen, 2024.

L'HOMME INVINCIBLE

First edition. June 9, 2024.

ISBN: 979-8227941961

Written by John Danen.

Table des Matières

Introduction.

Je fais ce livre pour aider les hommes et aussi les femmes. Pour vous faire comprendre les dangers d'être une personne romantique, faible et nécessiteuse. Quelqu'un qui donne la priorité à l'amour avant tout. Il vaut mieux devenir un homme invincible.

Ce livre risque de vous faire très mal, il est brutalement dur. Si vous êtes sensible, je vous demande de ne pas le lire, car vous pourriez être traumatisé par son contenu.

Mais si vous avez le courage de vouloir connaître la vérité, ce livre est fait pour vous.

L'amour mal orienté **peut tuer**. Bien sûr, il est très beau, et si nous étions tous bons, c'est ce que nous devrions rechercher, un amour précieux. Mais cette conception de l'amour que certains idéalisent dans leur tête, leur fait commettre toutes sortes de barbaries à l'égard des autres, et leur fait vivre un véritable enfer. L'amour tue les hommes et les femmes. C'est pour cela que j'écris ce livre, pour vous faire prendre conscience du mal qui peut vous arriver si vous êtes naïf, si vous croyez que l'amour est plus grand que tout, et que vous le recherchez avant votre bien-être personnel.

Avec un amour mal orienté, tout le monde souffre. Je vais écrire ce livre du point de vue de l'homme, en racontant tous les malheurs qui peuvent t'arriver, homme, mais je pourrais aussi écrire un autre livre du point de vue de la femme, en racontant comment les hommes sont méchants et leur donnent une vie de merde. Je suis désolée, je ne vais pas faire cette deuxième vision, non pas parce que je ne la trouve pas juste, ce qui est juste et elles souffrent aussi beaucoup, mais simplement parce que je ne suis pas de l'autre côté, et que je ne connais pas leurs souffrances en profondeur.

Je demande donc à quelqu'un d'autre d'écrire cette autre partie où les femmes souffrent par amour. Je me contenterai de cette partie que je connais pour horrifier tout le monde et empêcher les hommes et les femmes de souffrir. Je veux que les deux fassent très attention lorsqu'ils s'engagent dans une relation sérieuse. Si nous nous estimons tous au-dessus de cet amour idyllique, de nombreux problèmes seront évités.

Ce n'est pas le machisme ou le féminisme que je défends, mais le fait d'avoir une tête et de ne pas tomber dans des amours maudites qui ruinent la vie d'un grand nombre de personnes.

Il s'agit d'un livre pour votre défense personnelle, afin que vous sachiez ce que les femmes et les hommes font en amour, comment ils nous utilisent et nous manipulent souvent. Ce n'est pas un livre d'amour, c'est un livre qui raconte de manière réaliste ce que sont les relations personnelles entre les hommes et les femmes dans le monde d'aujourd'hui. J'aurais pu l'appeler "l'amour toxique", mais je vais l'appeler **"l'homme invincible"** parce que c'est plus positif et plus valorisant.

Les amours ne sont pas toxiques, ils sont maudits car ce qu'ils appellent amour se transforme souvent en quelque chose d'horrible, qui détruit les gens à jamais.

L'homme, en raison de sa faiblesse et de sa bonté naturelle, tombe souvent dans ces amours maudites et en est terriblement puni. De même, à cause de son agressivité et de sa maîtrise de soi excessives, il commet des actes terribles.

J'espère qu'avec ce livre tu deviendras un homme invincible qui ne tombe pas dans les amours maudites, qui ne souffre pas, qui ne pleure pas. Un homme au-dessus du bien et du mal, qui a tout traversé et qui, finalement, s'est relevé, invincible !

D'où vient l'amour maudit ?

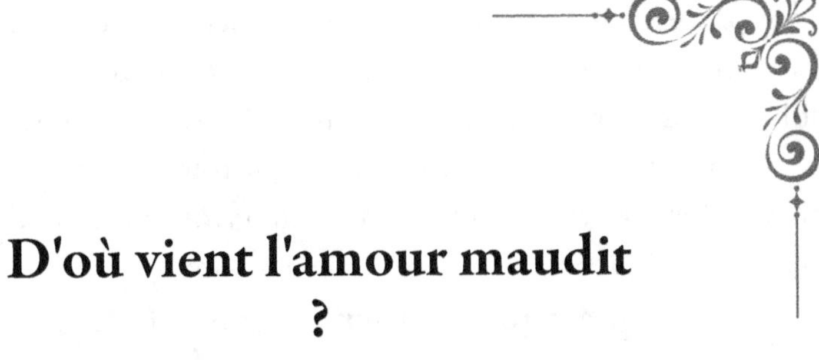

L'amour maudit naît de la faiblesse, de la croyance que l'amour est la chose la plus importante, celle pour laquelle il faut souffrir et se battre, au-delà même de son bien-être personnel. L'amour maudit vient de la dépendance affective, de la douceur et de la sensibilité, de la lutte pour cet amour au-delà de ce qui est souhaitable. Il faut savoir s'arrêter, savoir s'estimer et dire non à l'autre, savoir abandonner les relations qui n'apportent rien, ou si elles apportent quelque chose, elles apportent de la souffrance et du malheur.

Nous accusons souvent les femmes de nos maux, comme si elles étaient mauvaises et nous faisaient du mal, mais ce n'est pas le cas, c'est nous qui, par notre douceur, leur donnons un pouvoir total sur nos sentiments. Cela se produit en raison de notre gentillesse, parfois de notre innocence, parfois d'une faiblesse et d'une dépendance évidentes.

En raison de notre conception de l'amour idyllique, les femmes peuvent nous sembler mauvaises, et oui, c'est vrai, elles peuvent être très mauvaises, mais la plupart du temps, elles ne sont ni bonnes ni mauvaises. Elles s'adaptent à ce que vous êtes, si vous êtes doux elles seront très dures, si vous êtes dur elles seront douces. Ils s'adaptent au complément.

En général, elles n'aiment pas l'homme doux, sensible et romantique, elles aiment l'homme qui se fait respecter, qui pose des limites, qui est dur, c'est l'homme le plus convoité.

Un homme qui pleure est rejeté par n'importe quelle femme, car cela est interdit aux hommes qui, bien qu'ils souffrent beaucoup, beaucoup, n'ont pas le droit de le faire. Ils peuvent pleurer pour n'importe quoi. Si un homme pleure devant une femme, elle le rejette pratiquement, car il doit être fort quoi qu'il lui arrive parce qu'il est un homme.

Nous devons faire notre part pour que tout se passe bien, et au moins essayer d'être quelqu'un qui se respecte et qui ne tombe pas dans des relations toxiques où nous avons tout à perdre.

On ne peut pas gagner en amour, il suffit de trouver une relation parfaite pour être plus ou moins heureux, mais aussi pour avoir beaucoup de problèmes. Tout au plus, il y a ceux qui sont respectés, qui trouvent un très bon partenaire, et qui à leur tour sont bons, et ces rares personnes parviennent à trouver une correspondance. La grande majorité perd en amour, parfois les hommes et les femmes perdent, mais c'est rare, 99,99999% du temps, ce sont les hommes qui perdent, parce que nous sommes les plus faibles en amour.

La norme est de 18-0

J'espère que ce livre vous permettra d'égaliser le jeu, car il est très difficile de gagner et pratiquement personne dans l'histoire de l'humanité n'y est parvenu.

Casanova et 10 autres ont réussi. Pour gagner, il faut jouir plutôt que souffrir ; dès que vous accordez de l'importance à l'un d'eux, il vous affaiblit et vous cause de terribles souffrances, que vous n'oublierez pas même si vous en ramassez 100 autres.

Seul l'homme invincible réussit ce que personne d'autre ne réussit et gagne par la plus petite des marges quelques fois par siècle. Seul 1 sur 10 millions tire au sort.

L'illusion de l'amour.

À cause de l'illusion de l'amour qui s'installe dans nos têtes, nous perdons des années et même des vies entières consacrées à la recherche d'un amour difficile à atteindre, ou qui n'existe pas vraiment. Comme l'a dit Manson, "je ne suis pas l'esclave d'un Dieu qui n'existe pas", et c'est vrai, Cupidon n'existe pas, il n'y a pas de Dieu de l'amour à vénérer. Lorsque les gens réalisent que l'amour n'existe pas, ou du moins qu'il est très difficile à trouver, ils souffrent terriblement.

Certains deviennent violents précisément contre la personne qui est l'objet de leur amour, parce que leur frustration de ne pas obtenir cet amour, ou de ne pas recevoir la réciprocité qu'ils souhaitent, les pousse à commettre toutes sortes d'actions sauvages, qui détruisent leur vie et celle des autres.

De l'amour, on peut passer à la haine et de la haine à la douleur, et alors rien ne peut être résolu, parce que les choses qui ont été faites sont si abjectes qu'il n'y a pas de consolation.

Si les gens n'avaient pas une dépendance affective aussi forte, s'ils ne cherchaient pas l'amour à tout prix en faisant tout ce qu'il faut, et si, dès qu'ils s'aperçoivent qu'ils ne sont pas réciproques comme ils le devraient, ils rompaient leurs relations, tout irait beaucoup mieux.

Mais de la pénurie naît la peur, et de la peur naît la douleur. L'homme formel est un homme dangereux, car il est souvent obsédé par son partenaire et ne voit pas plus loin que cette relation.

Mais le séducteur, lui, accepte que beaucoup ne le traitent pas bien, accepte que beaucoup le méprisent, sait qu'il n'aura pratiquement jamais de réciprocité, et n'accorde aucune importance à quoi que ce soit. Le séducteur est dur, vraiment dur, voilà pourquoi, parce que le séducteur est dur, il cherche son propre plaisir, à s'amuser, et il ne va faire de mal à personne.

L'homme formel, l'homme doux qui se consacre à une seule femme et qui est obsédé par cette relation, peut être dangereux.

Je ne vais pas dire que tout le monde doit être séduisant, mais il faut au moins se respecter et avoir les couilles de mettre fin à la relation dans laquelle on se trouve si elle ne nous rend pas heureux.

Il peut toujours y avoir une autre fille qui vous donnera une meilleure vie que celle avec laquelle vous êtes et qui ne vous satisfait pas. Quittez-la et continuez votre chemin, ce livre est aussi valable pour éviter les crimes violents à connotation machiste qui horrifient les gens dans la société.

Même si je vais raconter beaucoup d'histoires abracadabrantes, j'espère que tout cela permettra de sensibiliser les gens à faire le bien, et le bien signifie souvent rompre les relations et se respecter soi-même, alors commençons !

La dureté de la naissance
d'un homme.

Si vous avez eu la malchance de naître homme comme moi, j'ai une terrible nouvelle pour vous, être un homme est dangereux, dangereux, non, très dangereux. Les hommes ont beaucoup plus de testostérone qui nous incite à la violence, nous prenons aussi des risques infinis. Beaucoup de ces risques que nous prenons sont à la poursuite d'une femme, ou en luttant pour l'amour, ou en défendant quelqu'un. Ce n'est pas pour rien que les hommes vivent sept ans de moins que les femmes. Nous prenons moins soin de nous, nous prenons beaucoup plus de risques, nous aimons la vitesse, nous aimons d'une certaine manière et dans certaines circonstances la violence aussi, les sports mécaniques sauvages, bref, quand notre cœur bat pour l'adrénaline de l'émotion, nous nous sentons vivants, et c'est dangereux pour nous et pour les autres.

Vous devez accepter cette vérité dure et crue : les **femmes ne sont pas mauvaises, c'est juste** que vous êtes doux et que vous exigez une gentillesse qu'elles ne peuvent souvent pas donner. Elles ne peuvent pas la donner parce qu'elles sont programmées ainsi depuis des millions d'années. Elles ne peuvent accorder qu'une petite gentillesse à celui qu'elles considèrent comme leur partenaire, et ce dans le meilleur des cas ; pour tous les autres, c'est la froideur et la méfiance. Ils protègent les leurs et sont hostiles aux autres la plupart du temps. Une fois qu'une femme s'ouvre, c'est-à-dire conquise, elle devient bonne, sauf si vous êtes excessivement doux, ce qu'elle compensera en devenant plus froide et plus dure.

En général, il faut aussi dire qu'ils sont déjà beaucoup plus froids et méchants, mais ce n'est pas leur faute, ils ont été programmés ainsi, comme je l'ai dit plus haut, c'est leur adaptation pour survivre. En n'ayant pas de force physique, ils ont développé la ruse, et ils ont des années-lumière d'avance sur nous en termes de puissance dans cette qualité. Cela peut souvent être interprété comme de la méchanceté, mais c'est ainsi qu'ils sont, ce n'est pas leur faute. Ne vous plaignez pas de la méchanceté des femmes, car c'est ainsi qu'elles doivent être, mais plaignez-vous de votre mollesse et de votre faiblesse.

Vous êtes un homme, et si vous aspirez à devenir un homme invincible, vous ne pouvez vous plaindre de rien.

Se plaindre est un échec. Les hommes invincibles ne se plaignent jamais.

"L'homme est dur à l'extérieur et doux à l'intérieur, la femme est faible à l'extérieur et dure à l'intérieur.

Les hommes ont un nombre incalculable d'accidents et de morts violentes dus à un excès de testostérone, oui je sais. C'est comme ça que ça doit être ici aussi. Tout est parfait, tel que c'est. Il n'y a pas de plainte, pas de chagrin. Les hommes invincibles acceptent tout ce qui leur arrive, sans se plaindre.

La vie de l'homme.

Je vais raconter la vie de cet homme depuis sa naissance. Au début, c'est un être très bon, innocent et candide, dont la seule référence est sa mère. C'est elle qui le protège de tout ce qui est mauvais dans le monde, elle qui lui donne de l'affection et de l'amour. Cette affection et cet amour qu'il ne retrouvera jamais, ou alors un amour de très mauvaise qualité. Cette affection et cet amour qu'il espère trouver seront une copie bon marché de cet amour maternel. Lorsqu'il a construit sa version invincible, il n'en a pas besoin non plus, c'est un homme invincible qui est heureux avec rien, il est dur comme l'enfer, il a assez pour être heureux avec lui-même. Mais maintenant, en tant que jeune homme, il est faible et fragile.

Lorsqu'un jeune homme commence à aimer les filles, il a généralement beaucoup de mal. Il a tout à faire, il doit construire sa personnalité, il doit s'endurcir pour pouvoir se battre à armes égales avec elles.

Ainsi, ce pauvre garçon fait ce qui est naturel, tomber amoureux et être gentil, affectueux et romantique avec les belles et merveilleuses filles. Cela se produit parce que la société, la famille, l'école, les parents, les films, tout, le conduit vers le romantisme et l'amour idyllique qui est le but à atteindre.

Le garçon pense et ressent, mais ces pensées et ces sentiments ne sont pas vraiment les siens, ils ont été inculqués par cette société. C'est pourquoi, tant qu'il ne se sera pas débarrassé de ce vieux moi mal programmé, il ne pourra pas réussir dans l'amour. Ce moi programmé par les autres, le garçon l'associe à lui-même et croit qu'il s'agit de son vrai moi, mais ce n'est pas le cas. Le garçon pense et se sent ainsi parce qu'il est immergé dans le courant de pensée dominant, parce qu'il ne peut pas en sortir, parce que c'est ce qu'il sait, c'est pourquoi le garçon devient cent pour cent du temps une personne douce, sensible et dépendante, à la recherche d'amour.

Il part donc à la recherche de l'amour et échoue complètement, car les gens lui rendent souvent, voire presque toujours, sa gentillesse par le mépris, le mensonge et l'humiliation.

Cela peut avoir trois effets sur l'esprit de l'homme :

- Le premier, et je pense que presque tout le monde l'a vécu, est la **haine des femmes,** qui sont considérées comme des êtres maléfiques à l'origine de tous nos problèmes.
- La deuxième possibilité consiste à les accepter tels qu'ils sont, avec résignation, et à **continuer à chercher l'amour** comme de bons garçons jusqu'à la fin.
- La troisième option consiste à devenir un **homme invincible,** ce que j'expliquerai tout au long de ce livre.

J'analyserai d'abord l'**option numéro deux.**

Ceux qui ont continué à chercher l'amour trouvent un amour manipulé, un amour qui n'est pas vrai, un amour qui vient de leur faiblesse, et ils sont, tous, impitoyablement asservis par les femmes. Ils tronquent ainsi leur vie et au lieu d'être heureux de séduire et de s'amuser, ils sont amers, supportant souvent une femme despote qui les humilie et les maltraite.

Ils font tout pour protéger la famille et, en somme, ce sont aussi de grands héros, des héros qui sacrifient leur vie pour que leurs enfants prospèrent. Le plus grand de ces sacrifices est de supporter sa femme, qui la plupart du temps est une femme qui est devenue méchante et dure lorsqu'elle a vu à quel point il était bon et doux. Il s'est engagé à construire une famille avec elle et elle devrait donc le traiter aussi bien qu'elle le peut, mais cet homme sera clairement perdant en amour et mérite notre commisération.

Dans 70 % des cas, c'est un chiffre que j'ai donné un peu au hasard et je n'ai pas de données précises, mais j'estime que c'est quelque chose comme ça : les mariages échouent, et ensuite, ces hommes, bons ou mauvais, quels qu'ils soient, subissent dans leur chair, dans toute sa crudité, les lois injustes qui les privent de leurs enfants, et de plus de la moitié de leurs biens. Beaucoup subissent l'épreuve des procès, des appels, et sont ruinés par les avocats. Tout cela pour avoir essayé de voir leurs enfants, le plus souvent ingrats, totalement manipulés par leurs mères, avec l'approbation de toute la société pensante.

Dans les cas les plus extrêmes, ils deviennent fous et font des choses barbares. Certains se suicident, d'autres tuent leur femme, mais ce sont des cas extrêmes qui ne sont pas normaux. Ce qui est normal, c'est de refaire sa vie et de retomber dans les mêmes pièges, tout cela pour avoir continué à croire en l'amour, un amour, comme je l'ai déjà dit, dans lequel on ne gagne jamais, on perd toujours, et tout au plus, mais beaucoup, beaucoup, un match nul. Ils perdent toujours à plates coutures.

Cet amour, si vous avalez toutes ses exigences, restreindra votre liberté. Elle t'interdira d'être un homme, de fréquenter d'autres femmes, de coucher avec d'autres femmes, alors que c'est ce que la nature veut pour toi. Ce mariage est fait pour que tu t'occupes de ta famille, mais une fois que c'est fait, tu ne trouves pas le bonheur, ni dans le premier, ni dans le deuxième, ni dans le cinquième, c'est toujours la même chose. Illusion au début, souffrance au milieu et énorme déception à la fin.

Ces hommes qui se marient ne réussissent jamais en amour, au contraire, ils échouent terriblement.

Beaucoup ne se marient même pas, parce qu'ils souffrent tellement du rejet et de l'échec qu'ils n'y parviennent pas, parce qu'ils tombent dans une profonde dépression à cause de ces malheurs et ne se relèvent pas.

La première option, dans laquelle beaucoup tombent, est de haïr les femmes, cela nous est arrivé à tous quand nous étions enfants, quand nous ne comprenions rien et ne savions pas, maintenant que nous sommes mûrs et que nous savons, nous réalisons que même si elles semblent être très mauvaises, en réalité elles sont comme elles doivent être, parce que c'est ainsi que la nature les a créées, parce que c'est ainsi qu'elles ont mieux survécu, parce qu'en développant la ruse elles ont été capables de surmonter la vie difficile qu'elles ont également vécue. Je vous demande donc, dans votre propre intérêt, d'arrêter de vous plaindre des femmes, c'est un échec, un vrai perdant.

La troisième option consiste à cesser de les haïr et de les satisfaire et à devenir **un homme invincible,** c'est le vrai chemin, le chemin numéro trois.

Nous, les hommes, sommes seuls, personne ne nous aide parce que nous sommes déjà des hommes, nous ne sommes pas des enfants ou des femmes, nous sommes des hommes et nous devons nous débrouiller par nous-mêmes.

Statistiques sur les hommes.

C e n'est pas une coïncidence si tant de personnes veulent changer de sexe pour devenir des femmes. Comme je l'ai déjà dit, il est dangereux d'être un homme. La plupart des données reflétant toutes ces statistiques proviennent de notre propre faute, de notre impulsivité et de notre agressivité, mais il y a aussi ces statistiques dévastatrices.

Les hommes sont 4,3 fois plus nombreux à mourir sur les routes, c'est-à-dire que pour chaque femme qui meurt, plus de 4 hommes meurent.

Les hommes partent à la guerre et représentent 99 % des victimes. Pour chaque femme tuée au combat, il y a 99 hommes. Personne ne demande la parité ici ?

Les hommes se suicident plus de quatre fois plus que les femmes.

Les femmes sont à l'origine de 70 % des divorces.

Les hommes ont l'habitude de supporter cette situation, car ce sont eux qui subissent la plupart des violences. La plupart des violences sont commises par des hommes entre eux.

Nora Vincent est une militante et une écrivaine féministe. Cette femme a fait une expérience pendant dix-huit mois, qui consistait à se faire passer pour un homme. Elle a tellement souffert qu'elle est tombée en dépression. Selon elle, sa vie d'homme était brutalement difficile et dure. Elle disait qu'elle admirait les hommes et que notre vie était beaucoup, beaucoup plus dure que celle des femmes. Elle le saura.

Le terrible exemple d'un homme en guerre.

C'est un exemple que je vais inventer, mais la réalité peut être comme ça, et même plus dure.

Notre protagoniste est un homme de 28 ans qui a été enrôlé de force pour défendre son pays, il n'a reçu aucune formation militaire, mais il a dû le faire parce que seuls les hommes défendent leur pays dans les guerres. Il est en âge d'être mobilisé, alors, pour ne pas encourir la peine de mort en cas de désertion, le voilà sur le front.

La température est de seize degrés au-dessous de zéro. L'homme n'est pas très bien équipé pour affronter le froid, car les provisions sont rares. Il tremble et frissonne la plupart du temps. Il n'a rien mangé de solide depuis deux jours, seulement un sachet de soupe qu'il réchauffe à peine sur une petite cuisinière qu'il partage avec deux autres combattants.

La nuit, il pleure et se souvient de sa maison, de sa femme et de ses deux jeunes enfants. Il n'a aucune nouvelle d'eux, aucune lettre n'arrive au front. Il espère qu'elle s'est peut-être échappée et qu'elle est maintenant en sécurité dans un autre pays, dans un endroit chaud et sûr.

Chaque nuit, il pense à eux et à ce que serait sa vie s'il ne se battait pas pour son pays.

Trois longs mois s'écoulent sans que rien d'important ne se produise. Il n'y a que l'ennui de se tenir sur la ligne de front en attendant que l'ennemi s'approche. Mais l'ennemi ne daigne pas se montrer. Cela vous donne un peu d'espoir : peut-être ne se montrera-t-il jamais, et vous pourrez retourner en un seul morceau dans votre maison, si vous êtes encore debout. Il pourrait aussi retrouver sa famille si la guerre se terminait bientôt. Il rêve de retrouver sa femme et ses enfants. Il prie chaque jour pour leur bien-être. Il pense : "J'aimerais rentrer à la maison et trouver ma famille qui m'attend". Le soldat pense qu'il aimerait pouvoir communiquer avec eux et fantasme parfois sur la meilleure nouvelle, à savoir que la guerre est terminée et qu'il peut retrouver sa famille où qu'il se trouve.

Un jour fatidique, à 5h47 du matin, un bombardement intensif commence sur sa position. Les bombes lui éclatent les tympans et il en saigne, la douleur est intense, le bruit infernal.

Il se blottit dans son trou de renard en attendant que la pluie de bombes qui s'abat sur sa position se calme, mais il n'y a pas de fin en vue. De terribles explosions secouent son environnement et il passe plus de deux heures à prier et à pleurer, demandant à Dieu de lui sauver la vie. Il n'y a pas d'ennemi à abattre, personne à voir, seulement des bombes qui tombent.

Malheureusement, l'un d'entre eux a atterri trop près, l'explosion l'a projeté hors de la tranchée et il est maintenant allongé sur le dos, l'abdomen complètement déchiré. Ses tripes ressortent et une partie de ses intestins se trouvent sur le sol à côté de lui.

La douleur est énorme, il perd beaucoup de sang, il a des vertiges et des convulsions. Ses membres sont gelés à cause du froid. Mais il ne peut pas bouger. Il a peut-être aussi une lésion de la moelle épinière. Il ne le sait même pas, mais c'est aussi arrivé, il est paraplégique à partir de la taille, la seule chose qu'il sait, c'est qu'il ne peut pas bouger d'un pouce, sinon ses tripes vont sortir encore plus.

Allongé dans la neige tachée de sang et de sang, il reste immobile pendant des heures, avec des explosions près de lui qui, heureusement ou malheureusement, ne l'atteignent pas. Il reste allongé jusqu'à ce qu'il perde complètement conscience. Les bombardements cessent, il reprend conscience, il tremble, sa première pensée est de se souvenir de sa famille et de sa maison.

Il a un mince espoir que quelqu'un vienne à son secours, mais au fur et à mesure que le temps passe, la mort se rapproche de plus en plus, et il ne passera pas la nuit sans que quelqu'un vienne à son secours.

Après de longues heures de terribles souffrances, de cris sans réponse, sans espoir de secours, soudain, le bruit de véhicules blindés se fait entendre. Notre soldat regarde autour de lui dans la lumière de l'aube, ayant maladroitement retrouvé le sens de la vue dans la lumière de l'aube. L'horizon s'éclaircit et il peut voir plus clairement ce qui l'entoure. Ce qu'il voit est désolant, aucun de ses compagnons n'a survécu. Ils sont tous en morceaux sur le sol. Ses camarades sont littéralement en morceaux, un bras ici, une tête là. Il est le seul survivant du bombardement.

Enfin, un véhicule blindé apparaît devant lui, mais, malheureusement pour lui, ce n'est pas un véhicule ami, c'est un véhicule ennemi. Des soldats en sortent, le ramassent et, sans plus attendre, le traînent sur le sol et le jettent dans un cratère ouvert par une bombe cette terrible nuit.

Il crie et implore la pitié, mais ils ne lui prêtent aucune attention.

Maintenant, ils lui jettent des pelletées de terre sur le visage et, petit à petit, ils le recouvrent, jusqu'à ce qu'il soit finalement enterré vivant.

Il n'a plus de force et ne peut ni crier ni bouger. Il suffoque, la terre pénétrant dans sa bouche et son nez dans sa tentative désespérée de respirer sous terre. Alors que de plus en plus de terre est projetée sur lui, il sent qu'il étouffe de plus en plus, se tortillant autant qu'il le peut pour essayer de sortir de là. La terre pénètre dans sa plaie et la pique terriblement. Ses dernières pensées avant l'obscurité sont pour sa femme et ses jeunes enfants. La saleté a déjà pénétré dans les plaies et il ne peut plus respirer, bouger ou faire quoi que ce soit. Il lui faut encore deux minutes de suffocation et d'agonie avant de mourir.

Qu'est-ce qui valait la peine d'être là ? Quelle grandeur y a-t-il dans cette mort ?

Pendant ce temps, à Milan, sa femme est en sécurité avec leurs deux enfants. La nuit même où les bombardements ont commencé, elle en a assez de ne pas avoir de nouvelles de son mari, présumé mort, et décide qu'il est temps de tourner la page et de se libérer de toutes les tensions de cette guerre. Après avoir tant souffert, après des mois sans nouvelles de son mari, elle rencontre ce soir-là un bel Italien qui vient la chercher dans une belle voiture. Ils sortent faire la fête et pendant ces heures, elle s'amuse enfin un peu et oublie la guerre et son mari. Au moment où son homme meurt dans le cratère, elle se couche avec l'Italien et oublie pour quelques instants tout ce qu'elle a subi.

Une histoire choquante, n'est-ce pas ?

La leçon à tirer de tout cela, c'est que les guerres, c'est quoi, bordel !

Certains diront : quelle femme, quelle mauvaise femme qui fait de telles choses !

Je vais vous dire ce que je pense. Cette femme **n'est pas mauvaise, il** ne faut pas la haïr, ni la critiquer, ni la mépriser le moins du monde. Elle a aussi beaucoup souffert, pas autant que lui, mais elle a aussi beaucoup souffert. Les circonstances ont coïncidé avec la mort de son mari, avec le jour où elle pouvait s'amuser un peu.

Personne ne devrait la haïr, ni les femmes en général. C'est la vie elle-même qui est dure, elle qui a déjà subi l'indicible, elle a le droit de s'amuser un peu. Si elle avait pu, elle aurait été à ses côtés, si elle avait pu, mais elle n'a pas pu.

Le manque d'informations a fait que, malgré le fait qu'il soit constamment dans ses pensées, elle a décidé de le faire, de tourner la page, de profiter au moins de cette journée. Elle pensait qu'il était presque impossible de retourner vivre avec son mari, un jour il fallait le donner pour mort et c'était ce jour-là.

Les femmes ne sont ni mauvaises ni bonnes, elles s'adaptent à ce que nous sommes. Si nous sommes très bons, elles compensent en étant mauvaises, si nous sommes très mauvais, elles deviendront très bonnes pour compenser. C'est une sorte de couplage, d'ajustement, peu importe le nom qu'on lui donne.

C'est pourquoi il ne faut pas penser que les haïr vous rendra plus fort, au contraire, c'est la vie qui est dure, pas eux.

Nous devons aimer tout le monde, les bonnes et les mauvaises femmes, car il n'y a pas de femmes vraiment mauvaises, les femmes sont ainsi en raison de leur adaptation à leur environnement. Nous devons être au-dessus du bien et du mal et être **l'homme invincible que rien n'**affecte, qui ne souffre jamais, qui s'adapte à tout, qui ne cherche pas d'excuses, qui ne se plaint pas, qui ne cherche pas de boucs émissaires pour blâmer le mal dans le monde.

La seule personne que vous devez battre, c'est vous-même.

L'homme invincible s'améliore pour devenir plus drôle, plus gai, plus insouciant des choses qui n'ont pas d'importance. Il devient dur comme fer, à tel point que rien ne l'affecte. Les trahisons, les déceptions profondes que la vie nous réserve, ne l'affectent pas du tout. L'homme invincible s'aime et ne se laisse pas abattre par quoi que ce soit ou par qui que ce soit.

L'homme invincible n'avait qu'un seul ennemi, sa version précédente, la version programmée en série, qu'il a vaincue. Maintenant, il n'a plus d'ennemis, il a lui-même et le monde entier pour profiter de la merveille de la vie.

Même là, enterré vivant, l'homme invincible se sent en paix avec lui-même, sans haine ni rancune.

C'est vrai, parfois cela arrive, parfois ils envoient l'homme invincible au combat en enfer et il revient décoré et en parfaite santé.

Le traumatisme de la première petite amie.

La première mariée est celle qui nous donne le plus grand choc de notre vie. Nous venons à elle totalement innocents et bons. Nous venons en croyant à l'amour et en pensant que nous avons trouvé le bonheur. Nous ne nous inquiétons pas du tout de notre comportement amoureux alarmant, qui nous entraîne tête baissée dans une énorme dépendance affective. Le jour de la rupture, le monde s'écroule. Ce jour-là est le pire de votre vie. Tout ce en quoi vous avez cru s'effondre, tout ce pour quoi vous vous êtes battu est perdu, tout ce que vous pensiez être éternel, inconditionnel et immense vous est enlevé. Beaucoup ne s'en remettent pas et sont traumatisés à vie, ou ont des problèmes psychologiques importants. Certains deviennent sensibles, d'autres méprisent les femmes.

Cet amour ne reviendra jamais, car vous ne pourrez jamais vous donner autant que vous l'avez fait avec cette première petite amie. Donc l'amour, s'il existe, se produit dans ces quelques années de jeunesse, où vous avez vraiment cru en l'amour, où vous avez été réciproque et où vous avez vécu des moments de grand bonheur avec cette petite amie que vous pensiez être éternelle.

La dure réalité ébranle le garçon et des crises d'angoisse, des dépressions, des mélancolies, des trucs merdiques peuvent survenir, parfois pendant des années, parfois pendant des mois, parfois pendant toute une vie.

Ce premier grand coup vous ramène à la réalité, et vous montre que seules certaines femmes seront très gentilles avec vous, et pour un temps limité.

En réalité, cet amour est une anomalie, quelque chose qui n'arrive qu'à ce stade juvénile, et pas toujours, seulement avec les quelques femmes super gentilles qui existent encore. Des femmes que vous n'apprécierez plus autant et auxquelles vous ne vous donnerez plus autant si elles apparaissent plus tard, à cause de ce traumatisme initial.

Après cela, vous pouvez vous battre à nouveau pour l'amour, ce qui se produit la plupart du temps, mais seulement pour essuyer un autre échec beaucoup plus rapide mais moins douloureux ; ou bien vous endurcir directement.

Il est normal d'errer et d'errer pendant un certain temps, jusqu'à ce que, vers l'âge de 30 ans, vous vous soyez adapté à l'interaction avec les femmes et que vous cessiez de souffrir.

Cela ne veut pas dire que cette première petite amie est mauvaise, loin de là, elle est bonne, bonne dans cette anomalie où ils sont bons avec leur partenaire. Comme je l'ai déjà dit, ils ne sont ni bons ni mauvais, cela dépend de la façon dont vous êtes ; si vous êtes bon, ils seront mauvais, si vous êtes mauvais, ils seront bons. Dans ce cas, l'homme est innocent et bon et cette anomalie se produit, et donc, étant bonne, elle se comporte assez gentiment, mais, finalement, l'ajustement se produit, et votre bonté est récompensée par l'abandon.

Vous êtes aussi en partie responsable de cette rupture, car vous finissez par vous lasser de la vie tranquille que vous offre cette femme, et votre détachement à son égard est d'abord récompensé par plus d'amour, mais, peu à peu, la jeune fille s'endurcit et un éloignement de sa part s'opère, jusqu'à la rupture finale.

Ne nous plaignons pas, la plainte est pour les perdants, les femmes sont comme elles doivent être.

Ce sont elles qui nous font passer de doux, dépendants et non masculinisés à des durs à cuire. **Soyez reconnaissant pour chaque**

femme qui vous quitte, car cela vous rendra plus dur, plus attirant et plus fort. En fin de compte, vous deviendrez un homme invincible si vous supportez et surmontez tout.

La meilleure femme que je connaisse.

La meilleure femme que je connaisse est une femme vraiment gentille pour son environnement. Elle aime les animaux, elle a beaucoup de chiens, elle aime aussi les chats, elle s'occupe avec amour de son fils, elle nettoie sa maison, elle fait son travail, elle est gentille avec les gens, elle est amicale, charmante et bavarde.

Une fille merveilleuse, à l'exception de ces petits moments où elle tord son fil et devient méchante, ce qui n'arrive que lorsque vous faites quelque chose qu'elle n'aime pas.

Cette femme sympathique et bienveillante, que l'on aime partout où elle passe, s'est séparée de son mari. Malgré toute cette sympathie, elle n'a pas hésité une seconde à lui enlever le chalet qu'il construisait depuis des années avec ses propres efforts. Elle lui a également enlevé son fils et l'a dressé contre lui à tel point que le fils ne veut pas porter le nom de son père. Elle lui a aussi pris sa voiture, bref, celui qui était son mari bien-aimé est devenu son ennemi détesté.

Cela devrait vous amener à réfléchir à leur attitude. Lorsque vous êtes "l'homme", ils sont bien, mais si vous les laissez tomber, ils se vengeront pour tout le temps qu'ils pensent avoir perdu avec vous. Un temps qu'ils auraient pu passer avec le véritable homme, quelqu'un d'autre qui les aurait mieux traités, ou du moins, moins déçus.

C'est la femme la plus gentille que je connaisse. Est-elle mauvaise, non, c'est comme ça que ça doit être. Lorsque vous les impliquez dans quelque chose comme le mariage, plus elles s'impliquent, plus elles vous le feront payer plus tard. Lorsqu'ils décideront que vous n'êtes plus "l'homme", vous le paierez très cher, à un prix fou ! C'est ainsi, et c'est ainsi que nous devons l'accepter.

C'est la meilleure femme que je connaisse, dangereuse pour ceux qui la laissent tomber, gentille et amicale pour ceux qui la baisent, sauf si vous êtes le mari et que vous la laissez tomber.

Cette femme m'aime et m'appelle régulièrement pour sortir avec elle, mais comme je ne m'implique pas pour rien, et que je ne l'implique pas non plus, je ne la laisse pas tomber, donc je peux sortir avec la bête sans qu'elle m'attaque.

Un séducteur est un dompteur, un maître séducteur est un dompteur audacieux, qui sait gérer la situation avec sang-froid et s'affirmer. Le maître séducteur est toujours un homme courageux, un héros, car il tient à distance les femmes qui se comportent comme de véritables bêtes sauvages. Elles sont nombreuses et ne l'attaquent presque jamais, et quand elles le font, il sait se défendre. Le meilleur.

Ceux que vous accompagnez ont détruit beaucoup d'hommes, qui sont maintenant doux et dociles devant votre puissance de baise. Ils sont également soumis à votre putain de bite, mais cela ne dure qu'un temps, et comme vous ne pouvez pas les baiser 24 heures sur 24, tôt ou tard, vous devrez à nouveau faire face à des bêtes sauvages qui essaieront de vous tuer.

Chaque dompteur a son fouet, il sert à s'imposer et à se faire respecter, vous avez aussi le vôtre, non, ce n'est pas la bite, cela ne suffit pas à les dompter, l'arme ultime s'appelle "la séduction obscure".

Si le dompteur hésite, s'il voit une faiblesse, ils le dévorent vivant.

Masculinité.

J'ai écrit des livres entiers consacrés à la masculinité, il semble donc qu'il n'y ait plus rien à dire sur ce sujet, mais ce n'est pas vrai, il y a plus à dire. La vérité est que nous, les hommes, avons perdu notre masculinité en raison de la perte de testostérone. En fait, les hommes des années 70 qui avaient 75 ans avaient 800 (ne me demandez pas ce que c'est) et les hommes d'aujourd'hui qui ont 25 ans n'ont que 550. Cette masculinité est abaissée par les produits alimentaires industriels que nous sommes obligés de manger dans les supermarchés. Allez mesurer cela dans la tribu de la jungle de Papouasie-Nouvelle-Guinée et vous verrez combien c'est.

Une autre partie de cette perte de testostérone est due au fait que les emplois que nous occupons n'exigent plus de force physique. Autrefois, tous les emplois nécessitaient de la force physique.

Le guerrier, le porteur, le fermier, le chasseur, le meunier, le pêcheur, le bâtisseur, tout était fait à la main. Les gens avaient de la testostérone et étaient forts et machos. Aujourd'hui, ce n'est plus le cas, nous avons le programmeur informatique qui bouge son index et actionne la souris, nous avons l'écrivain comme moi, qui s'assoit pour parler et le programme de reconnaissance vocale écrit déjà ce que je dis pour moi, je n'ai même pas besoin d'écrire, nous avons aussi le fonctionnaire, dont le seul travail consiste à se rendre sur son lieu de travail, à y rester assis pendant huit heures et à rentrer chez lui. Il n'y a pratiquement plus d'emplois qui exigent un effort physique, et c'est ainsi que cette masculinité se perd.

La musique est également importante, de nos jours il n'y a rien d'autre que du reggaeton avec de l'autotune que l'on ne peut même pas comprendre ce qu'ils disent. J'ai même entendu des chants grégoriens de moines avec de l'autotune, c'est quoi ça, un mix de méditation ? C'est à mourir de rire. Il n'y a plus de groupes de rock, alors qu'avant, il y avait des groupes de rock avec des gars vraiment costauds, de vraies rock stars.

C'est pourquoi cette masculinité doit être **exercée.** Dernièrement, j'ai beaucoup remarqué les forgerons, qui fabriquent leurs couteaux et leurs épées dans les forges de leurs maisons. Ces hommes sont des durs à cuire qui réalisent des œuvres d'art avec leur marteau et leur forge. Cela fait prendre du muscle, la chaleur aide aussi à mincir, c'est une activité que je trouve super macho.

Il y a aussi des groupes qui sont comme un retour dans le passé, avec des gars super masculins qui font de la musique viking et nordique. Ils sont torse nu, marchent dans la neige avec des haches, sont habillés comme des Vikings, se battent et jouent du tambour.

Le tambour est une activité de dur à cuire, un type de guerrier très musclé. Le tambour est la chose la plus puissante, c'est pourquoi les Arabes les emmenaient au combat, ils les appelaient "tambours de guerre". Avec leur rugissement, ils intimidaient l'ennemi.

Un homme invincible entend toujours de la musique de dur à cuire et, bien sûr, de la batterie. En plus de vous donner du pouvoir grâce à ses sons, elle vous aide à entrer en transe, une transe féroce et guerrière.

Les Écossais me semblent être des durs à cuire, tout comme les Russes. En Écosse, il y a beaucoup de groupes qui jouent de la cornemuse, des guitares rock et beaucoup de tambours, ce qui nous ramène à l'image du macho dur à cuire d'antan.

Vêtements.

Il s'agit d'un sujet quelque peu controversé, car il est normal de vouloir maximiser ses chances de séduire les filles en s'habillant très bien et en étant très séduisant, avec des vestes, des costumes, des vêtements coûteux et de bonnes chaussures, ainsi qu'avec des parfums et des accessoires. C'est bien et c'est vrai que cela donne plus de pouvoir, mais je ne le suis pas trop. J'aime me compliquer la vie, c'est pourquoi j'accorde une attention particulière aux hommes qui sont très mal habillés, mais qui projettent une forte masculinité.

Il me semble que plus un mec est mal habillé, moins il cherche à plaire ou à séduire, il est content de lui et se fout de ce que pensent les autres, y compris les femmes. S'habiller mal, c'est vraiment un truc de dur à cuire.

S'habiller tout le temps, c'est un peu de mollesse, c'est-à-dire que tu n'as pas les pleins pouvoirs pour séduire les filles tout seul, ou du moins tu as des doutes, et donc, pour être sûr, tu dois mettre toutes sortes d'accessoires pour te rendre séduisant. Quand on a des super-pouvoirs, on est bien habillé et on est séduisant. On peut être séduisant habillé en salopette presque jusqu'au cou, sans rien en dessous, ou en marchant dans la rue en tongs, ou en short, ou en maillot de bain, ou n'importe comment, comme un plouc américain.

Il est vrai que cela vous fermera les portes des femmes très superficielles, des femmes qui sont, pour ainsi dire, huppées, qui se veulent fines, élégantes, mais même certaines de ces femmes peuvent vous aimer si vous devenez un homme musclé, défini, fort et macho.

Si vous ressentez fortement votre putain de pouvoir, vous pouvez vous habiller comme vous voulez, même aller pieds nus dans la rue et les gens vous verront comme un homme et un macho. Vous leur ferez un peu peur, car ils ne sont pas habitués à une telle sécurité. Vous ne vous préparez pas pour eux, vous êtes la chose la plus importante, vous et votre confort, ils ne conditionnent pas la façon dont vous vous habillez.

C'est pourquoi je pense que le séducteur qui s'habille à sa guise, qui porte une salopette de mécanicien, qui porte un costume taché de graisse, ou un costume de chantier, ou de peinture de maison, ou d'élévation de mur taché de ciment, est plus puissant que celui qui porte un costume Armani.

Si vous évoluez dans un milieu très raffiné (producteur par exemple), je vous recommande de vous habiller bien pour vous intégrer dans ce groupe social, car si vous êtes mal habillé, vous serez rapidement rejeté, mais, une fois séduit, il faut aussi qu'ils voient votre côté masculin, le dur, votre version du mécanicien qui répare la voiture, de l'homme négligent qui ne s'est pas rasé aujourd'hui, de l'athlète qui fait de l'haltérophilie. Ils doivent aussi voir en vous un homme débraillé, qui sera moins beau, mais plus masculin. Certains préféreront cette version à celle de la marque.

Si vous êtes déjà séduisante, quelle que soit votre tenue, que seriez-vous si vous vous habilliez bien ? quelque chose d'extrêmement puissant.

Pour résumer ma pensée, je vous dirai que le fait d'être toujours mal habillé est une erreur, parce que vous minimisez excessivement vos chances, mais que le fait d'être toujours bien habillé est également une erreur, parce que vous montrez un intérêt excessif à leur plaire et à les aimer, et c'est une faiblesse. Un vrai dur à cuire est musclé, s'habille souvent comme il le souhaite et attire toujours les femmes.

Élimination.

Nombreux sont ceux qui se vantent du nombre de filles qu'ils ont ramassées chaque année et qui se vantent de leurs succès. Quand vous devenez un maître de la séduction, vous ne vous vantez pas des filles que vous ramassez, vous vous vantez de celles que vous éliminez, de toutes les filles abusives et méchantes que vous avez réussi à faire disparaître de votre vie. Tu te vantes de ne plus subir les nuisances terribles, désagréables et constantes qu'elles créent avec leurs plaintes et leurs exigences. Votre putain de pouvoir vous remercie parce que vous vous respectez, et cela l'augmente.

Il est de votre devoir d'éliminer les personnes toxiques de votre vie : cet ami qui disparaît, cet amant trop exigeant, cette personne qui tente d'abuser de vous. Il vaut mieux qu'ils soient dehors que dedans, vous ne devez pas du tout communiquer avec eux. La seule communication possible consiste à les décharger de leur comportement décevant. En outre, la raison de leur renvoi leur est expliquée, afin que le peu de conscience qu'il leur reste les pique. De la pure séduction obscure.

Les bonnes femmes s'acquièrent en étant heureux, et éliminées ni heureux ni tristes, peut-être un peu tristes dans certains cas, mais rapidement heureux, sachant que vous avez fait ce qu'il fallait, et enthousiastes, parce que vous avez le temps de faire de nouvelles acquisitions.

Les mauvaises femmes s'acquièrent en étant tristes et s'éliminent en étant heureuses. On les acquiert en étant triste, car même si l'on sait qu'elles vont nous poser des problèmes, il faut les additionner. C'est dangereux et vous ne le faites que dans les rares occasions où vous vous sentez comme un drogué de la séduction, et, bien que vous sachiez à quel point elles sont problématiques, vous les acquérez quand même. C'est une chose douce à faire, vous avez tellement besoin de flirter que vous achetez même des femmes que vous savez mauvaises. Dans ces cas-là, c'est au moment de l'élimination que l'on est vraiment heureux. La plupart du temps, vous êtes intelligent et vous n'allez même pas les séduire parce qu'elles sont clairement mauvaises.

Le processus de production est le suivant : pour pouvoir éliminer à volonté, il faut d'abord acquérir. Le succès de l'année se quantifie en fonction des filles que l'on a éliminées et non de celles que l'on a acquises.

Ces éliminations sont des triomphes énormes pour les mauvaises filles.

Il est beaucoup plus habile d'éliminer que d'acquérir.

Des hommes de valeur.

De nombreux hommes ont subi des dommages considérables dans leurs relations avec les femmes et dans la vie elle-même. Ces hommes ont une caractéristique commune : ils ont toléré les abus et sont devenus dépendants des autres, des personnes qui n'ont pas de vie propre. Cette faiblesse de caractère est détectée par les femmes intéressées qui viennent à eux pour profiter d'eux. Les faibles, les mous, ne savent pas dire le mot magique "non". Tout le monde abuse d'eux. Alors, peu à peu, ils perdent l'estime de soi. Ils finissent par être pessimistes et défaitistes à leur égard. Ils imaginent un avenir d'échec qui, malheureusement, se concrétisera beaucoup plus fortement qu'ils ne l'imaginent.

Certains se retrouvent en gériatrie à 53 ans, d'autres fréquentent les hôpitaux psychiatriques, d'autres sont des rejetés sociaux qui n'ont pas d'amis, pas de vie sociale, pas de capacité à entrer en relation avec qui que ce soit, et qui restent chez eux, enfermés jusqu'à leur mort. D'autres deviennent excessivement misogynes, d'autres dépressifs. Beaucoup d'entre eux se réfugient dans la religion comme moyen de salut. La religion qui les mènera à une vie meilleure. Ils attendent la prochaine vie, car celle-ci, ils la considèrent comme perdue.

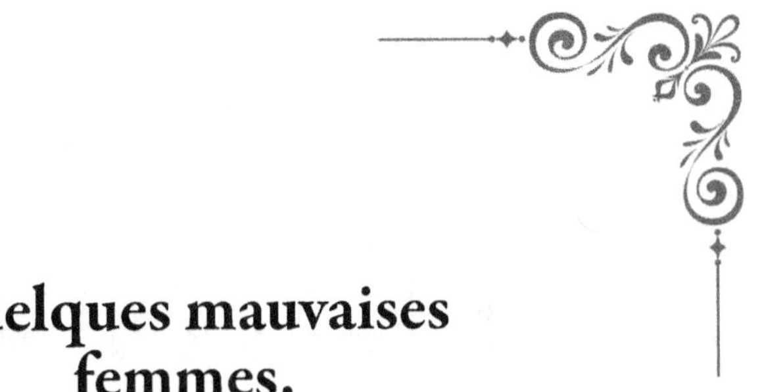

Quelques mauvaises femmes.

Une mauvaise femme est une bénédiction. C'est une bénédiction parce qu'elle est vraiment insupportable et qu'après un petit contact avec elle, on déteste immédiatement ses exigences, ses abus et son mauvais comportement. La bonne chose, c'est que grâce à cela, nous aurons l'excuse parfaite pour la quitter, elle nous a facilité la tâche.

Ils méritent d'être éliminés et ils le savent. Lorsque nous les quittons, nous avons déjà pris notre bon bénéfice sexuel, mais ce n'est pas en pensant uniquement à l'aspect sexuel qu'il est conseillé de continuer avec eux, parce que les dommages qu'ils causent avec leurs abus sont très importants, c'est pourquoi ils ne devraient pas, ne peuvent pas, et généralement ne durent pas.

La seule chose à laquelle ils servent, c'est à augmenter notre nombre de conquêtes. Ce sont des chiffres, des putains de chiffres, on ne s'en souvient même pas, ils sont vraiment insignifiants.

Sortez vite cette femme de votre vie, cela vous rendra puissant. Vous serez impatient de vous consacrer à votre production, parce que ça a été une putain de merde. Une mauvaise femme, si elle tombe entre les mains d'un homme invincible, est une bonne femme. Ce sont nos marchés, ceux qui permettent à notre production d'être massive. Un homme invincible est reconnaissant que ces femmes apparaissent.

Elle les remet à leur place, impose le respect et rééquilibre le système.

Quelques bonnes femmes.

Il est très difficile de se débarrasser de ces bonnes femmes, gentilles à souhait, qui font toujours de bonnes actions, montrent de l'affection, de la compréhension, supportent tout et ne partent pas, quoi que vous fassiez. C'est un très gros problème.

Ils sont là, attendant que vous relâchiez votre production, accroupis pour vous traquer, ils sont toujours là pour vous. Ils finissent par s'attacher à vous à cause de leur extrême gentillesse et il faut beaucoup pour s'en débarrasser. Ils ne vous font rien de mal, et c'est bien là le problème, ils vous affaiblissent petit à petit, certains d'entre eux peuvent vous atteindre. C'est pourquoi, si tu ne veux pas avoir une relation sérieuse et formelle, draguer une femme gentille n'est pas une bonne chose.

Le chapitre le plus important de tous les livres.

J'ai appelé ce chapitre "le chapitre le plus important de tous les livres", parce que je pense que c'est vraiment le chapitre le plus important de tous les livres que j'ai écrits. Je pense que si vous n'êtes pas un mystique, une personne avec des préoccupations au-delà du terrestre, vous trouverez probablement ce chapitre horrible. Je sais, je sais que je suis un coach en séduction et que ce n'est pas ce qu'on attend de moi, mais je suis plus qu'un coach, mais après avoir expliqué tout cela de manière profonde, je vais me taire et je ne dirai plus de choses mystiques.

Comment matérialiser ce que nous voulons ?

Dans le livre JD Absolute Seduction, j'ai expliqué les couches dans lesquelles votre tête devrait être segmentée. Dans le livre "Comment matérialiser ce que vous voulez avec un putain de pouvoir" j'ai expliqué comment matérialiser, mais je n'ai pas mis les deux ensemble, ici je vais le faire.

J'expliquerai les choses depuis l'origine, aussi mystique et étrange qu'elle puisse paraître, jusqu'à la chose la plus superficielle du monde.

Je commence, dans le plan astral, dans l'autre dimension, il y a une énergie infinie chargée d'amour et de paix, cette énergie, cette puissance infinie, vous pouvez l'appeler Dieu, vous pouvez l'appeler l'univers, je l'ai appelée la putain de puissance.

Eh bien, de cette dimension, que nous imaginons être un océan infini, s'élève une sorte d'entonnoir par lequel de petites parties de ce putain de pouvoir changent de dimension et pénètrent dans le monde physique. Ce putain de pouvoir crée une matérialisation, un être, et cet être, c'est vous. Il fait cela parce qu'il veut faire l'expérience du monde physique à travers vous et tous les êtres.

C'est pourquoi nous disons que vous avez l'étincelle divine en vous, et c'est vrai, vous faites partie de la putain de puissance infinie.

Ici, dans le monde physique, vous vivez votre vie sans savoir qui vous êtes vraiment. Les lois naturelles de l'attraction font que vous commencez à aimer les filles et que vous voulez les avoir. Vous lisez des livres de séduction et des choses qui restent en surface, sans aller au cœur du problème, sans vous donner toutes les réponses. Dans ce putain de chapitre, nous allons les aborder, vous verrez.

Les années passent donc, à souffrir et à profiter de ce monde physique, jusqu'au jour où, grâce à la méditation, à la relaxation profonde, à la transe, à la musique, au tambour, ou simplement en ressentant spontanément quelque chose au plus profond de soi, quelque chose apparaît soudain, c'est une vision, ou plutôt une sensation la plupart du temps. À cet instant, vous prenez conscience que vous disposez d'un pouvoir immense.

C'est la chose la plus difficile, se connecter à l'autre côté, être conscient que l'on a le putain de pouvoir, et non seulement être conscient que l'on a le pouvoir, mais sentir que l'on est le putain de pouvoir.

C'est une chose que la plupart des gens n'atteignent jamais, et ils vivent donc toute leur vie sans savoir qui ils sont et sans ressentir ce putain de pouvoir.

Vous qui avez déjà ressenti ce putain de pouvoir, même si vous ne le comprenez pas complètement, vous savez qu'il y a quelque chose au-delà de vous, un moi supérieur, une énergie, quelque chose d'infini.

Dans mon cas, par exemple, j'étais conscient que de bonnes choses allaient certainement entrer dans ma vie. Cela m'est arrivé en écoutant une chanson, à ce moment-là j'ai ressenti une énorme puissance dont je ne savais pas d'où elle venait, je ne savais rien, mais je savais que tout ce que je souhaitais allait se manifester.

Avec le temps, en lisant des livres mystiques, on se rend compte que ce moment crucial, cette petite illumination, cette prise de conscience, est le point de départ de tout ce que l'on souhaite avoir dans sa vie.

Puis, plus tard, des années plus tard, en allant encore plus loin, vous réalisez que vous n'êtes rien d'autre qu'une putain de puissance consciente d'elle-même et manifestée. Vous comprenez que vous n'êtes pas vraiment votre corps physique ou votre esprit, mais une énergie infinie consciente d'elle-même, consciente qu'elle se manifeste sur ce plan.

À partir de ce moment-là, tout est beaucoup plus facile, et lorsque vous avez pris conscience de qui vous êtes, vous réalisez que ce que vous aviez l'habitude d'appeler l'aide divine n'est pas une aide divine, parce que ce n'est pas quelque chose d'extérieur à vous, mais que vous et la putain de puissance ne faites qu'un.

La première révélation est la suivante.

"Moi et Fucking Power ne faisons qu'un".

Ainsi, tout ce sur quoi vous concentrez votre attention se développera, se développera grâce à l'énorme pouvoir que vous confère votre putain de pouvoir.

Ceux qui sont parvenus jusqu'ici utilisent leur putain de pouvoir pour créer ce qu'ils veulent, une pièce de théâtre, une sculpture, un bâtiment, une voiture, etc.

La deuxième révélation est la suivante.

"Je suis l'homme invincible.

Un homme qui a le putain de pouvoir avec lui-même est donc un homme invincible. C'est un homme qui, quoi qu'il fasse, réussira.

Je vais maintenant me concentrer sur la séduction, aussi superficiel que cela puisse paraître. Donc, vous êtes déjà conscient que vous êtes un putain de pouvoir manifesté sur ce plan, donc vous commencez à extérioriser ce pouvoir dans ce que vous désirez, comme vous voulez être un séducteur, vous demandez au putain de pouvoir de vous aider à vous guider sur ce que vous devez faire, et la première chose qu'il vous dit est : "Je veux être séduisant".

"Je suis le meilleur séducteur".

La troisième révélation est **donc** la suivante.

"Je suis le meilleur séducteur".

Comment ne pas l'être si vous et le putain de pouvoir ne faites qu'un ? Le putain de pouvoir se manifeste en disant "Je suis le meilleur séducteur" et vous l'êtes vraiment, car vous avez le pouvoir de tous les séducteurs de tous les âges de l'humanité. Vous prenez conscience que vous êtes un homme très séduisant, le meilleur.

Vous pensez alors que les autres ne sont pas conscients de ce putain de pouvoir, et que souvent, à cause de ce sentiment de vide et d'envie qu'ils éprouvent, ils vous attaqueront. C'est pourquoi vous, qui vous êtes matérialisé en un homme invincible grâce à votre putain de pouvoir, vous dictez la phrase suivante, qui est la quatrième révélation et qui se lit comme suit.

"Je me fais respecter.

Comment vous voulez vous faire respecter dans la séduction et dans tout en général, c'est pourquoi petit à petit, avec l'expérience, la séduction sombre émerge. Elle émerge comme une adaptation, comme une arme défensive, comme une armure qui protège vos deux identités les plus profondes : l'homme invincible et la plus profonde de toutes, la putain de puissance manifestée.

Cette sombre séduction naît du fait que nous recevons beaucoup d'attaques, d'envies et de plaintes.

En outre, ce putain de pouvoir vous dit que vous êtes supérieur. Bien qu'au fond nous soyons tous un, tout le monde n'est pas conscient de ce qu'il est, donc ici, sur le plan matériel, vous êtes supérieur. Supérieur parce que les autres ne sont pas conscients d'être un putain de pouvoir manifesté et ne vibrent qu'à une vibration très basse.

Ils sont généralement en dessous dans leur éveil, ils sont dans un océan de superficialité déconnecté de leur putain de pouvoir, donc ils sont en dessous, et s'ils ne le sont pas, vous appliquez la séduction sombre et vous les mettez en dessous. Vous les mettez en dessous parce que ce n'est qu'à ce moment-là qu'ils vous verront puissant et vous aimeront vraiment, parce que ce n'est qu'à ce moment-là qu'ils sentiront votre putain de pouvoir qui les impressionne. Cela vient de l'époque des grottes, où les femmes étaient attirées par l'homme fort, celui qui les défendait et les protégeait des dangers. Par conséquent, pour vraiment les attirer, elles doivent vous voir au-dessus d'elles. Par conséquent, la prochaine chose qui émane de l'homme invincible est cette cinquième révélation qui va comme suit.

"Je ne les apprécie pas.

Il ne faut pas les valoriser car dans ce monde la gentillesse se paie, la valorisation excessive se paie par le mépris. Cela est dû aux problèmes génétiques ancestraux de l'homme des cavernes qui ne les traitait pas avec une attention excessive, mais qui coïncidait avec le fait que ce type fort et macho était celui qui les protégeait le mieux, ils ont donc associé ce type fort et macho à leur survie et c'est pourquoi, aujourd'hui encore, ce critère régit leur sélection. Elles préfèrent l'homme plus rude, plus méchant, qui ne les valorise pas ou peu. Cela n'a rien à voir avec le mysticisme mais c'est aussi important.

La prochaine chose que fait l'homme invincible est d'émaner des qualités masculines. Une fois que nous avons défendu notre identité la plus profonde avec la séduction sombre, nous avons protégé notre putain de pouvoir manifeste et conscient et notre concept de soi en tant qu'homme invincible. Maintenant, nous montrons la partie qui émerge de la séduction sombre, la partie plus douce qui se manifeste en premier lieu est un corps et un esprit très masculins, donc l'émanation qui sort de l'homme invincible est la sixième révélation qui dit.

"Je suis un homme.

Cela attire les filles et elles vous aiment sans avoir besoin de recourir à des méthodes de séduction. Vous avez une essence séduisante qui émane du plus profond de vous-même. Vous êtes heureux parce que vous êtes la putain de puissance qui se manifeste dans un homme invincible, vous utilisez la séduction sombre pour vous protéger de toutes les attaques, vous avez la masculinité.

Vous ressentez maintenant de la joie, du charme et du charisme, en étant conscient de tout votre pouvoir, et donc ce que dit l'homme invincible sera maintenant deux déclarations dont l'une est une conséquence de l'autre.

"Je suis la charmante canaille". Et donc

"Je suis joyeux et amusant.

Pour être la charmante canaille joyeuse et drôle, il suffit de suivre les méthodes rationnelles que j'ai inventées à la suite de mon travail sur le terrain et de mes observations minutieuses. Ces méthodes sont créées rationnellement mais ont une base émotionnelle et mystique profonde, parce qu'elles émanent de la joie de savoir que ce putain de pouvoir et vous ne faites qu'un, et c'est pourquoi il est si facile de développer ce que les gens voient finalement : la méthode jd et la méthode el edp.

Avec la méthode jd, vous serez amusant, désinhibé, insouciant, à l'aise, complice et insolent si nécessaire.

Avec la méthode edp, vous serez l'étoile lointaine et dangereuse qui accomplit ces actions

Amusant, désinhibé, insouciant, à l'aise, star, au grand cœur.

À la suite de ce long processus de méditation, de prise de conscience et d'expérimentation, il arrivera que ce sur quoi vous vous concentrez, les filles, se matérialise.

Des filles apparaîtront, des filles qui vous aiment et qui sont facilement séduites par vous. Ce sont les matérialisations que vous créez avec tout ce processus.

Maintenant vient la partie la plus banale, et c'est, bien sûr ! rien ne se matérialisera simplement en pensant. Cela vous aidera beaucoup, mais ce ne sera pas suffisant, **vous devrez vous entraîner sur le terrain,** afin que tout ce travail mental puisse vraiment se manifester. Plus vous aurez travaillé mentalement, plus il vous sera facile de matérialiser votre putain de pouvoir et de le transformer en victoires, et moins vous souffrirez. Cependant, malgré tout ce travail mental, vous devrez passer par un long et difficile processus d'apprentissage sur le terrain. Plus vous ressentirez de putain de puissance, plus ce que vous voyez dans votre esprit se matérialisera rapidement dans vos interactions physiques réelles. C'est la partie qui demandera le plus de temps, la partie de la réalisation de vos interactions dans le monde réel.

Plus vous vous y consacrez, plus vite vous réussirez, plus vous vous sentirez puissant grâce à ce processus mental et spirituel, que l'on peut aussi appeler le jeu intérieur, plus il se matérialisera facilement, vous avez besoin des deux parties.

Le jeu intérieur, la visualisation, n'est rien d'autre que l'établissement d'une connexion entre votre moi physique et l'océan de la putain de puissance. Cela produira une sorte de double entonnoir reliant les deux réalités, à travers lequel le putain de pouvoir s'écoule dans le monde matériel,

Ce pouvoir de baiser, après ce travail intérieur, ou jeu intérieur, produira ces matérialisations que nous appelons des pick-up girls. Afin de développer pleinement votre putain de pouvoir, vous devez méditer et vous visualiser dans votre rôle de réussite avec l'écran mental. C'est pourquoi la visualisation est si importante, c'est pourquoi la visualisation ressemble à de la magie, parce que vous faites vraiment des choses magiques.

Et ceci, mes amis, est l'explication de tout, du plus mystique au plus matériel.

Tout ce que nous souhaitons manifester doit être fait comme dans ce processus, en ressentant la putain de puissance et en la canalisant vers ce que nous désirons. Merci d'avoir écouté ces paroles mystiques.

Je ne parlerai ici que de l'homme invincible et de la séduction.

Exterior
Soy alegre y divertido
Soy el sinvergüenza encantador
Soy masculino
No las Valoro
Me hago respetar
Soy el mejor seductor
Soy el hombre invencible
Yo y el Fucking power somos uno
Meditación y
concienciación
Esencia
JD y EDP
Dark seducción
El hombre invencible
Fucking power
interiorizado
y consciente
Conexión
Fucking power infinito
Exterior
Soy alegre y divertido
Soy el sinvergüenza encantador
Soy masculino
No las Valoro
Me hago respetar
Soy el mejor seductor
Soy el hombre invencible
Yo y el Fucking power somos uno
Meditación y
concienciación

Méditation pour ressentir
le putain de pouvoir.

Je sais que j'ai déjà dit que je ne parlerais plus de choses mystiques, mais j'ai oublié la méditation pour se connecter à la putain de puissance, alors je m'excuse et je vous dis ceci, en promettant que ce sera le dernier sujet mystique que j'aborderai.

Pour bien ressentir le pouvoir de la baise, nous devons nous mettre dans un état de relaxation profonde. Pour ce faire, nous jouons de la musique rythmée et relaxante, nous respirons très profondément et lentement, nous fermons les yeux et nous nous asseyons dans une position détendue. Ensuite, lorsque nous sommes très détendus, nous visualisons une lumière blanche sortant de notre poitrine. Cette lumière représente notre putain de puissance qui nous entoure et nous donne du pouvoir.

Nous resterons ainsi pendant une demi-heure au maximum, en respirant, en écoutant de la musique relaxante et en voyant cette lumière blanche nous envelopper. Cela crée une connexion avec le réservoir infini de la putain de puissance. Le double entonnoir s'élargira et plus de puissance de baise entrera en nous. Avec cette connexion plus forte à notre putain de pouvoir, nous pourrons matérialiser beaucoup plus facilement ce que nous voulons, car nous en aurons beaucoup plus.

N'abandonnez jamais.

Un homme invincible n'abandonne jamais. Un homme invincible est comme les Spartiates, il n'y a pas d'échappatoire, pas de capitulation. Lorsqu'il se fixe un objectif, il y va à fond. C'est-à-dire avec toute sa putain de puissance. Il se concentre sur cet objectif et ne s'arrête pas avant de l'avoir atteint, même s'il doit passer 50 ans à se sacrifier et à renoncer à beaucoup de choses dans sa vie, l'homme invincible n'abandonne jamais et continue à se battre jusqu'à son dernier souffle.

Une autre caractéristique de l'homme invincible est qu'il ne se plaint jamais, l'homme invincible sait que tout lui tombe dessus. On l'envoie à la guerre et il ne se plaint pas, on l'accuse à tort de n'importe quelle merde et il ne se plaint pas, parce que se plaindre, c'est être faible. L'homme invincible assume ses responsabilités, ce fardeau est son fardeau, qu'il soit juste ou injuste. Plus tard, il combattra cette accusation ou cette action qui le discrimine, mais au début, il la supporte sans se plaindre.

Quelles que soient les difficultés, quels que soient les événements qui lui arrivent, l'homme invincible ne se plaint jamais de rien, il est toujours heureux, il agit toujours pour que la justice soit rétablie, car l'homme invincible est un homme juste qui recherche le bien.

Celui qui fait le mal à ceux qui font le mal fait en réalité le bien, donc comme je l'ai dit dans dark seduction, en faisant le mal vous faites aussi le bien. C'est aussi un très grand bien, l'équilibre est rétabli.

L'homme invincible a ses critères et récompense et punit en conséquence.

L'homme invincible est comme les Spartiates, il ne recule pas, ne se rend pas, ne fuit pas ses responsabilités, l'homme invincible se bat et meurt s'il le faut, sans se plaindre, en assumant sa condition d'homme, et plus encore d'homme invincible.

En homme courageux qu'il est, il part comme Don Quichotte pour réparer les torts, mais il n'est pas fou, les fous sont tous ceux qui veulent en finir avec l'homme invincible.

L'homme invincible, c'est le soldat qui est mort à la guerre, le découvreur qui a découvert et exploré des continents, le bâtisseur qui a érigé les pyramides, l'inventeur qui a inventé une machine, le gouverneur qui a administré sa province, l'indigène qui a défendu son territoire, le séducteur qui a séduit les femmes.

L'homme invincible et l'amour.

L'homme invincible croit en l'amour, mais un bon amour, pas un amour corrompu par le besoin et la faiblesse. L'homme invincible peut avoir des centaines d'amours parce qu'aucun d'entre eux ne lui causera beaucoup de tort, il est fort. C'est pourquoi le séducteur est un homme invincible, un homme qui, quel que soit le nombre de relations qu'il entretient, ne s'abîme jamais excessivement, et s'il s'abîme, il s'en remet facilement, parce qu'il est fort, parce qu'il sait qui il est, c'est un homme invincible.

En fin de compte, l'amour grandit si vous avez de la **présence**, c'est-à-dire si vous ressentez soudainement le moment présent comme si le temps s'arrêtait, vous devez également être **conscient de** ce que vous vivez. Parfois, sans s'en rendre compte, on jouit de l'amour sans le vouloir et par hasard, et c'est bien aussi.

Vous savez que cela peut s'arrêter à tout moment et vous êtes prêt. Ce sont des moments, des sensations qui vont et viennent. Une fumée qui devient parfois liquide et s'attarde un peu plus longtemps. Ce sont aussi de bonnes choses que l'on emporte de cette vie : les plaisirs ressentis, les sensations éprouvées, les illusions.

L'amour est à 90 % une illusion et à 10 % une réalité. C'est l'illusion qui fait que vous devez le ressentir. Si vous êtes un peu engourdi, vous pouvez le ressentir aussi. Vous savez que la douleur peut survenir et qu'elle surviendra très probablement, mais parfois vous appréciez aussi ces moments. Une fois cet amour passé, s'il passe, ce qui est le cas dans la grande majorité des cas, vous serez blessé de l'avoir ressenti, à cette occasion, vous perdrez gravement à ce jeu.

la grande majorité des cas, vous serez blessé de l'avoir ressenti, à cette occasion, vous perdrez gravement à ce jeu.

L'homme invincible et la mort.

Un jour, quelqu'un s'en va soudainement et vous n'avez même pas le temps de vous y préparer ou de lui dire au revoir. Cela vous rend triste et attristé, car vous réalisez que la vie passe si vite que vous ne vous en rendez même pas compte. C'est pourquoi il faut profiter de chaque instant, car nous ne savons pas quand nous partirons. La vie de personne n'est garantie pour toujours, nous mourrons tous, même l'homme invincible mourra.

Parfois, ce n'est pas la mort que l'on rencontre, mais un accident grave. Cet accident peut être survenu en moto, en voiture, lors d'une chute, de manière fortuite. Il se peut aussi qu'il ne s'agisse pas d'un accident, mais d'un revers financier ou émotionnel, d'un coup porté à votre vie que vous n'attendiez pas. Peut-être le méritez-vous parce que vous avez pris trop de risques, peu importe, nous ne le regrettons jamais. Appelons cela un accident.

Le fait est que, tôt ou tard, cet accident peut se produire et qu'il faut s'y préparer. L'homme invincible laisse ses affaires bien organisées et celui qui lui succède peut poursuivre son héritage.

Si l'accident n'est pas trop grave, l'homme invincible en profite. Il peut ainsi sympathiser avec les infirmières de l'hôpital, par exemple, et tout est bon pour nouer des relations avec de jolies filles. Même s'il souffre, l'homme invincible garde sa séduction intacte.

Je me souviens que j'ai été opérée de l'appendicite à l'âge de 18 ans, j'étais très maigre et je pouvais à peine marcher, sauf en m'accrochant aux murs, car l'opération m'avait fait mal. Des filles sont venues me voir et ont été impressionnées par ce sentiment de vulnérabilité, me voir affaiblie a dû éveiller un instinct maternel pour me protéger. Elles m'ont toutes dit que j'étais plus séduisant que jamais. Dans un hôpital, en convalescence après une opération, vous êtes aussi séduisant et vous êtes un homme encore plus invincible.

Si un homme invincible finit par mourir, cette personne est perdue, ce qui est grave, mais ce qui est encore plus grave, c'est que son savoir est perdu. L'homme invincible possède un trésor de sagesse, et s'il ne l'écrit pas, toutes ces expériences disparaissent et personne ne peut y avoir accès.

C'est pourquoi les hommes invincibles sont prudents dans ce cas et laissent tout par écrit, laissent leurs souvenirs, leur expérience de la vie, et grâce à cela ils ne meurent jamais, on se souvient d'eux et on les admire longtemps après leur mort, parfois des siècles plus tard, parfois des millénaires.

L'homme invincible reste dans la tête de ceux qui l'ont connu, dans leurs souvenirs, dans leurs livres, dans leurs vidéos. Le jour où l'homme invincible meurt, le mythe naît et devient immortel.

Transcender la séduction.

L'homme invincible maîtrise parfaitement la séduction, et c'est déjà si facile qu'il cherche à exceller dans de nouveaux domaines, pour devenir riche, célèbre, ou faire des actions audacieuses et des aventures diverses. L'homme invincible a une confiance en soi infinie et rien ne peut la lui enlever. Ni la maladie, ni la douleur, ni les problèmes qui peuvent survenir ne lui enlèvent cette confiance. L'homme invincible fait ce qu'il veut, n'a de comptes à rendre à personne, s'amuse autant que les autres, respecte ses propres règles, pas celles des autres, il domine son monde. Et parce qu'il vit ainsi : joyeux et insouciant, cela augmente son charisme, car les filles le voient différemment des autres, il ne se soucie pas de plaire, d'être beau, ou quoi que ce soit d'autre, il ne s'occupe que de ce dont il a envie.

L'homme invincible n'applique plus la séduction sombre, car celle-ci est destinée aux personnes qui sont affectées par ce qu'elles font. L'homme invincible suit son propre chemin parce qu'ils ne lui font pas vraiment de mal. L'homme invincible ne souffre pas et ne se met pas en colère. Il sait ce qu'il en est et l'accepte. L'homme invincible est toujours heureux, il ne se plaint jamais, il accepte tout ce qui lui arrive, il vit sa vie exactement comme il l'entend, il ne s'attache ni au travail, ni aux gens, ni à quoi que ce soit.

Il aime jouer de l'orgue, partir en voyage ou flirter avec une jolie dame, voire une jolie jeune fille. L'homme invincible dirige sa vie et la vit comme il l'entend.

Le mal.

Aujourd'hui, ceux qui détiennent le pouvoir sont des personnes abusives et profondément mauvaises, ils jouent les gentils et nous traitent de méchants, nous, les hommes invincibles, ceux qui luttent contre l'injustice. En d'autres termes, nous, les méchants, sommes les bons, et eux, les bons, sont les méchants.

Nous sommes gouvernés par notre conscience qui nous dit ce qui est bon ou mauvais, et non par ce qu'on nous dit d'en haut. Aujourd'hui, les méchants sont les gentils et les gentils sont les méchants, alors faisons notre mauvaise action du jour, qui est en fait une action merveilleuse, parce qu'elle combat l'injustice des soi-disant gentils.

Cela m'est arrivé à de nombreuses reprises lorsque j'ai fait quelque chose de soi-disant mauvais, mais qui en réalité est bon, parce que vous faites une mauvaise chose à celui qui est vraiment mauvais, donc cette action est une bonne chose pour l'ensemble.

Chaque fois que j'ai fait quelque chose de ce genre, j'ai été très récompensé, mes ventes ont augmenté, mes succès se sont multipliés. Nous ne devrions pas avoir peur de nous définir comme les méchants, parce que nous sommes les méchants, ils nous appellent les méchants, mais en réalité nous sommes des gentils et nous combattons le mal de ceux qui se disent gentils.

Les femmes.

Une femme avec laquelle vous avez merdé, une femme perdue à jamais, une femme que vous ne pouvez pas récupérer même si vous changez radicalement de comportement. Dans certains cas, vous pouvez la récupérer, mais c'est extrêmement difficile. Si la femme a vu une faiblesse, elle a jugé en une microseconde et vous a rejeté. Si vous avez été mou, nécessiteux, sensible, trop affectueux, elle n'aura pas apprécié et il sera extrêmement difficile de la séduire ou de la reconquérir.

Ce que nous devons faire, c'est nous conformer à ce qu'elle dit, elle ne veut pas de nous comme amants, elle ne veut pas que nous ayons quelque chose d'amoureux avec elle, très bien ! nous acceptons qu'elle soit l'amie.

Maintenant, nous allons constamment la mortifier avec nos autres flirts, probablement ses amies, probablement des filles qu'elle connaît. Nous entrons dans la zone d'amis, mais nous ne nous concentrons pas sur elle, mais nous l'avons en tant qu'amie, et nous nous consacrons à tout le monde sauf à elle. Nous serons alors dans la zone d'amis, mais à un niveau élevé, nous générerons une attirance maximale pour elle, parce qu'ils sont toujours envieux des autres, ils veulent toujours ce qu'ils veulent tous.

Elle l'avait et l'a perdu, maintenant elle paie cher pour cela, maintenant nous lui donnons sa médecine, ce qu'elle nous a donné avant, mais en l'appliquant nous-mêmes. Maintenant, elle est notre amie et nous ne lui donnerons plus jamais l'occasion, c'est une punition, de faire ce qu'elle voulait.

Impitoyable, ne pouvant être adouci, ne pouvant être séduit à nouveau dans la vie, il reste là à jamais mortifié, il brûle en enfer.

Nous nous consacrons à tous les autres, ils deviennent toujours meilleurs que celui qui nous a méprisés.

Lorsque nous ne pensons pas à elles, que nous ne les estimons pas et que nous ne voulons pas les séduire, lorsque nous les méprisons, nous devenons des hommes invincibles, des hommes parfois généreux et conciliants, mais qu'ils ne méritent pas vraiment. Nous ne nous intéressons pas à elles, nous ne les apprécions pas, nous ne les admirons pas, nous ne voyons pas leur côté sexuel, nous ne voyons que la bêtise et la vanité, nous ne voyons que leurs problèmes. Nous sommes au-dessus de tout cela et nous ne montrons qu'un intérêt neutre pour ceux que nous considérons comme les plus gentils et les plus drôles. Nous ne recherchons jamais aucun d'entre eux, si nous les obtenons, tant mieux, et si nous ne les obtenons pas, il y en a d'autres, nous ne leur donnons jamais la satisfaction de nous repousser. Nous ne leur donnons jamais la satisfaction d'avoir refusé. Lorsque vous récupérez la pièce, c'est parce qu'elle a été totalement livrée. Parfois, si nous leur donnons la satisfaction de nous refuser, cela arrive rarement et nous n'avons rien à foutre de ce qu'ils font ou disent.

En réalité, tout est un jeu, nous nous amusons et nous avons beaucoup de conquêtes parce que nous n'y attachons pas trop d'importance. Nous attachons de l'importance à nous-mêmes et à notre monde ludique.

L'homme invincible qui est en vous conquiert partout où il va sans trop s'en préoccuper. Pour vous, c'est quelque chose de normal, une faveur que vous leur faites, parce que vous êtes gentil et que vous voulez qu'ils aillent bien. Et si, pour aller bien, vous devez coucher avec eux, alors vous vous sacrifiez. Pauvres choses.

Phrases de l'homme
invincible.

L'indifférence punit davantage que la vengeance.

Souvent, être dur signifie jouer la carte de la douceur.

C'est lorsque vous confrontez une fille qu'elle commence à vous apprécier.

Les hommes invincibles ne disent pas ce qu'ils font, ils disent ce qu'ils ont déjà fait.

La fille que tu crois bonne est celle qui te frappera le plus fort.

Ce qui arrive à un homme invincible est exactement ce dont il a besoin.

Les hommes invincibles ne peuvent être vaincus, même en les tuant, car leur esprit libre subsistera toujours.

L'homme invincible est souvent une légende, et cette légende vient justement du fait qu'il ne se préoccupe que de son plaisir.

N'essayez jamais de raisonner une femme.

De leur part, vous ne pouvez vous attendre qu'à des trahisons, des mensonges et de fausses promesses.

Il faut vivre au jour le jour comme Rambo, en s'adaptant chaque jour à l'évolution de l'environnement.

L'amour n'existe pas, il a disparu dans l'enfance lorsque nous avons cessé d'être des enfants et que notre mère a cessé de nous accorder autant d'attention.

Il est plus important d'apprécier que d'ajouter.

Pour faire beaucoup, il faut être calme et heureux.

L'homme invincible ne se soucie pas de ce qu'on lui fait, c'est comme s'il n'était pas lui-même.

Il est beaucoup plus habile de leur dire non que oui.

L'exigence personnelle est bonne pour la croissance, mais son excès est une faiblesse, car vous vous en préoccupez trop et lui donnez ainsi du pouvoir sur vous.

Tout ce qui vous inquiète a un pouvoir sur vous.

Celui qui ne se soucie de rien est au-dessus de tout, rien ne peut l'affecter.

Ne vous souciez pas de montrer qui vous êtes, elle sait mieux que vous qui vous êtes.

Le méchant ne se vante pas d'être le méchant, il sait ce qu'il fait.

Les méchants sont les gentils, les gentils sont les méchants.

En réalité, aujourd'hui, les méchants sont les gentils. Ceux qui se disent bons sont les méchants.

Chaque jour, vous pouvez vous réinventer et devenir un nouveau vous, meilleur que le précédent.

Parfois, l'ancien moi a besoin d'être détruit, parfois il a besoin d'être réformé, il a toujours besoin d'un petit changement au moins.

Ils nous traitent de mauvais, nous pensons que nous sommes mauvais, mais nous sommes les bons.

Dans le jeu de l'amour, nous, les hommes, sommes les perdants depuis la nuit des temps.

En amour, on ne peut pas gagner, au mieux on ne peut pas dessiner.

Ce putain de pouvoir crée une couche de protection autour de nous et nous sortons indemnes des grands problèmes.

Comportez-vous comme si vous n'aviez peur de rien.

Comportez-vous comme si vous saviez que vous ne pouvez pas échouer.

Aujourd'hui est votre meilleur jour.

Le pouvoir vous guide, putain.

Dix conseils pour gouverner votre vie.

1 Ne cherchez pas l'approbation des autres.

2 Travaillez sur vous-même physiquement et mentalement.

3 Ne justifiez pas ce que vous faites.

4 Exigez l'excellence dans ce que vous faites.

5 Ne pas courir après les femmes.

6 Créez votre propre source de revenus.

7 Travaillez pour réaliser vos rêves.

8 Fixer des objectifs élevés.

9 N'acceptez pas d'entreprises qui vous détournent de votre mission.

10 Récompensez-vous pour vos victoires.

La brutalité des hommes.

Nous, les hommes, avons été poignardés, sabrés, jetés au fond de la mer, fusillés, décapités, électrocutés, fusillés, explosés, crucifiés, et bien d'autres barbaries encore ; et cela n'a pas été fait par des femmes, mais par nous-mêmes.

Nous, les hommes, sommes les ennemis des hommes eux-mêmes parce que nous sommes si sauvages, et pourtant nous sommes là !

La vie de l'homme est très dure, l'homme est celui qui a dû ramener l'argent à la maison, celui qui a dû émigrer et tout quitter pour faire vivre la famille, celui qui est allé dans la mer pour pêcher, dans la forêt pour chasser, celui qui a affronté les bêtes.

Nous sommes sauvages, et c'est bien ainsi, il ne faut pas réprimer sa masculinité. Nous avons survécu à tout, surtout à nous-mêmes, ce qui a été la chose la plus dangereuse pour nous, et nous voici, un autre millénaire, en train d'inventer des moyens d'aller sur Mars et de faire progresser la science.

Il est dangereux d'être un homme, mais il faut être fier de l'être.

La douleur.

L'homme invincible tolère la douleur, et non seulement il la tolère, mais il l'aime. Lorsqu'un homme invincible souffre, il sait qu'il est sur la bonne voie. Rien de valable ne se fait sans de grandes souffrances. Sauf avec les femmes, avec lesquelles nous n'avons pas besoin de faire d'effort et qui viennent pratiquement à nous, pour tout le reste nous devons souffrir et nous devons passer par la douleur pour obtenir ce que nous voulons.

Souvent, peu de temps avant le succès, vient le pire moment. Un moment terrible où il semble qu'il ne sera pas possible d'atteindre notre objectif. Un moment où les hommes normaux abandonnent, c'est le moment que nous, les hommes invincibles, attendons avec impatience, parce que nous savons que le succès suivra.

C'est quand tout va mal, quand l'effort de plusieurs années est réduit à néant, quand tout le travail accompli semble n'avoir servi à rien, que vient le vrai succès. Lorsque nous traversons ce tunnel, nous savons que la sortie est proche et qu'une lumière aveuglante nous attend.

Il est très difficile de faire des sacrifices, de faire des efforts, de travailler de l'aube au crépuscule sur quelque chose, d'y mettre tous ses efforts, et de voir que non seulement on ne se rapproche pas de son but, mais qu'on s'en éloigne de plus en plus. Mais c'est ce qui se passe généralement juste avant le triomphe. Tout comme la mer se retire lorsque le raz-de-marée arrive, tout ce que nous avons accompli nous est injustement enlevé et nous souffrons beaucoup. Alors, réjouissez-vous de souffrir, et encore plus de ne pas obtenir ce que vous vouliez obtenir, car cela vient. Réjouissez-vous lorsque vos efforts ne sont pas seulement récompensés mais punis, c'est à ce moment-là que la victoire commence. Le travail bien fait est toujours récompensé. C'est à minuit que le nouveau jour commence.

Du sexe, du sexe, du sexe et n'oubliez pas la violence.

Comme l'a dit le maître Marilyn Manson dans sa chanson "This is the new shit", traduisez "C'est la nouvelle merde" : sexe, sexe, sexe et n'oubliez pas la violence. Quoi de neuf ? Bien sûr, nous, les hommes invincibles, aimons le sexe et nous le pratiquons autant que nous le pouvons avec autant de femmes que nous le pouvons. Oui, parfois nous sommes un peu obsédés par le sexe et nous voulons essayer de nouvelles positions, de nouvelles activités, ou simplement profiter de toutes les perversions auxquelles nous pouvons penser. Et alors ? Bien sûr, grâce à toute cette perversion, l'espèce se reproduit, des couples se forment, des gens se rencontrent et la vie avance. Car, oui, la baise est bonne pour la socialisation. La plupart du temps, ces femmes que vous baisez ne valent pas grand-chose en tant que personnes, mais parfois elles sont gentilles et en plus du plaisir du sexe, votre culture augmente, car vous apprenez des choses grâce à elles. Il y a toujours quelqu'un qui sait préparer un plat spécial, qui connaît un endroit ou qui a un hobby intéressant que vous intégrez ensuite dans votre vie. En devenant un grand coureur de jupons, vous acquerrez une grande culture et vous apprendrez beaucoup de choses. Nous ne devrions pas avoir honte d'aimer le sexe, au contraire, nous devrions en être fiers.

Quant à la violence, que dire de plus, elle est aussi fantastique ! Nous, les hommes, avons de la testostérone jusqu'aux sourcils et nous ne pouvons pas nous contenter de mener une vie sédentaire de la maison au travail et du travail à la maison, nous devons pratiquer des activités physiques intenses où nous pouvons développer notre : force, compétitivité et, si nécessaire, même la violence.

N'oublions pas la violence, elle nous rend masculin, on se fait respecter par la force, et surtout on se respecte en se faisant respecter. Une violence généralement en termes d'attitude de défi ou de combativité, il n'y a pas besoin d'aller se frapper, mais s'il fallait se défendre, on le ferait aussi.

N'oublions pas la violence, elle nous a permis de vaincre l'ours des cavernes, de tuer le mammouth, bref de survivre au temps des cavernes. L'intelligence, la ruse, la force et la violence ont créé ce monde.

Un homme invincible est généralement pacifique, mais il doit parfois faire face à des situations abusives, qui nécessitent sa dose de violence. Vous faites alors ressortir l'homme des cavernes qui sommeille en vous, votre jocker, et vous lui donnez quelques leçons.

Il existe deux types de leçons :

- Voler
- C'est parfait.

La leçon de vol consiste à frapper du bas vers le haut, puis à s'envoler et, comme je l'ai dit, à le faire voler comme dans "IT".

L'autre variante est la leçon de plongée, d'en haut vous vous accrochez à lui et le frappez vers le bas, ce qui abaisse sa hauteur jusqu'à ce que vous atteigniez le sol où il reste coincé et silencieux.

Les deux choix sont bons, les volants permettent plus de spectacle, mais sont plus durs pour lui car ils nécessitent plusieurs coups pour le visser au sol.

Oui, il est parfois plus satisfaisant de mettre un connard en fuite que de se faire sauter par une fille sexy.

Oui, comme l'a dit l'illégal - je suis un punk, je suis un mec vulgaire, et je suis aussi à fond sur la route.

Niveaux de douceur.

Tout d'abord, il y a l'homme **doux** qui a du mal à dire non, même s'il sait parfois dire non. Il est très disponible pour les femmes et leurs caprices. Il est assez disponible pour les femmes et leurs caprices, mais il le paie cher, mais moins que les suivants.

Il y a ensuite l'**homme en manque** qui combine sa douceur avec un réel besoin de voir quelqu'un, d'être avec quelqu'un ; c'est un degré supérieur sur l'échelle de la douceur, car cet homme non seulement les privilégie par rapport à lui et se laisse manipuler, mais il **a réellement besoin de** les voir, d'être avec eux, il est donc particulièrement serviable et disponible. Cette disponibilité sera sévèrement punie et il obtiendra le contraire de ses désirs, il sera désavoué et on ne voudra plus le voir.

Au niveau suivant de douceur, on trouve le **dépendant affectif**, qui est le degré le plus élevé de douceur non criminelle. Le dépendant affectif n'est pas seulement doux et nécessiteux, il est littéralement dépendant de cette fille pour son bonheur. Il lui donne tout le pouvoir, et si elle ne lui donne pas l'attention dont il a besoin, ce qui est beaucoup, il se sent mal, triste et mélancolique. Le dépendant affectif est un harceleur potentiel et tourne toujours autour d'elle, s'offrant constamment à elle, la flattant et montrant sans cesse sa légère attirance.

Le niveau suivant est celui du harceleur, qui est un dépendant affectif qui n'accepte pas qu'on lui dise non. Sa vie consiste à insister pour rencontrer la personne qui lui a dit non. Il s'agit déjà d'un niveau maximum de douceur et de susceptibilité d'être un crime, ou le crime lui-même, sa douceur et sa dépendance excessives.

C'est ainsi qu'en étant excessivement bon et doux, on peut devenir un criminel.

L'homme invincible se situe à l'autre extrémité de cette échelle et est d'une dureté de marbre, car il n'a besoin de voir personne, de fréquenter personne, de parler à personne ou de ne rien voir du tout.

Des sujets supposés séduisants mais qui ne le sont pas.

Tout d'abord, il y a le **gigolo**, qui est un homme en bonne forme physique et qui fréquente des femmes, généralement vieilles, grosses ou laides, et les fait payer pour ses services sexuels. Cet homme aime les femmes, mais ce n'est pas vraiment un séducteur, car il a besoin des femmes **pour** vivre. Il s'agit en fait d'une mauviette de niveau 2, c'est-à-dire d'un homme qui a besoin d'elles. Si les femmes disparaissaient de sa vie, il ne pourrait pas survivre, car il n'a pas de moyens de subsistance propres en dehors des femmes.

Cet homme séduit les femmes sans méfiance en prétendant être ce qu'il n'est pas, souvent en prétendant être riche ou important, puis en leur racontant ses mensonges, sa chute dans les affaires, de sorte qu'elles, qui pensaient faire un malheur en l'épousant, sont celles qui doivent subvenir à ses besoins indéfiniment. En réalité, c'est un paresseux qui ne veut pas travailler et qui a également besoin de femmes. Dans ce cas, il ne s'offre pas à toutes les femmes, mais se concentre sur une seule et vit d'elle. C'est un autre cas de besoin, car sans elles, il n'aurait aucune source de revenus. Un parasite.

Ce sont des personnages rampants qui utilisent la faiblesse humaine pour survivre, ce ne sont pas des hommes invincibles bien sûr, ni même des hommes honnêtes, un séducteur n'a pas besoin de femmes même pour s'amuser, et encore moins pour vivre.

Vous ne pouvez même pas
être battu à mort.

Un jour, un guerrier tua un autre guerrier, lui coupa la tête et la porta par les cheveux, l'exhibant à ses ennemis terrifiés. Ce que ce guerrier ne savait pas, c'est que celui dont il avait coupé la tête était un **homme invincible**.

Les têtes coupées ont parfois quelques secondes de conscience et peuvent bouger la bouche ou les yeux ou grimacer.

Cet ennemi à la tête coupée, déjà mort en quelques instants, mais toujours vivant, avait une lueur de conscience. Il savait qu'il était une putain de tête coupée et il pouvait voir ou remarquer son ennemi à côté de lui et ce qu'il fit fut de le mordre de toutes ses forces sur une jambe. Oui, la tête fraîchement coupée d'un homme mort a mordu l'ennemi victorieux.

Cette blessure s'est infectée et, comme c'était le cas dans les temps très anciens du Moyen-Âge, cela a provoqué une infection générale qui a fini par le tuer.

Avant de mourir, le guerrier qui lui avait coupé la tête dit : "Vaincu par un mort1".

C'est ainsi mon ami, même après la mort tu peux gagner ; parfois le triomphe vient quand des siècles ont passé depuis ta mort et que tu reçois la reconnaissance que tu n'as pas reçue de ton vivant. Parfois, des choses étranges se produisent, comme ce qui est arrivé au guerrier mordu par une tête.

C'est pourquoi vous ne pouvez pas non plus être confiant, si vous avez vaincu votre ennemi, vous devez l'achever pour qu'il ne se relève pas, sinon il pourrait vous arriver la même chose qu'à ce guerrier.

L'homme vraiment invincible n'a besoin que d'une seconde pour gagner.

Il en va de même pour les baisers et pour la vie.

Une seconde de précision et vous remportez une nouvelle victoire.

L'homme invincible est
accro à la victoire.

Ce que l'homme invincible aime le plus, c'est gagner, réussir ce qu'il entreprend, vaincre ses ennemis, s'élever, gagner, être le vainqueur.

Il a donc une forte compétitivité, un instinct de prédateur, une confiance absolue en ses capacités, une aptitude au sacrifice, une foi en la putain de puissance et la certitude qu'il atteindra ce qu'il entreprend.

L'homme invincible n'hésite pas, il agit !

L'homme invincible atteint ses objectifs.

L'homme invincible évalue bien la situation et fait tout ce qu'il faut pour réussir.

Construire l'homme
invincible.

L'homme invincible se construit avec l'esprit. La réalité est une matrice où vous vivez dans votre propre réalité. Cette réalité est construite par vous-même et elle vous affecte et conditionne toute votre vie. Vous obtenez ce que vous pensez mériter, vous vous soumettez aux lois que vous créez pour vous-même. Vous n'existez pas vraiment et ce n'est pas la réalité. C'est pourquoi il n'y a pas de limites. Lisez Jacobo Grinberg et sa "théorie synergique".

Vous et ce putain de pouvoir ne faites qu'un, vous déformez la réalité en votre faveur, parce que la réalité que vous voyez n'est rien d'autre qu'une convection que vous acceptez, c'est ce que vous projetez avec votre esprit. Si vous pensez différemment, vous projetterez une réalité différente. Le putain de pouvoir est en vous et en toutes choses, vous devez l'activer en y croyant, en croyant que vous l'avez, que vous ne faites qu'un avec ce putain de pouvoir. Méditez, laissez votre esprit se vider. Regardez la lumière blanche.

Alors, des miracles se produiront, tout sera possible. C'est pourquoi vous devez vous rendre compte que vous êtes un homme invincible.

L'homme invincible relève tous les défis. L'homme invincible n'abandonne jamais. En fait, plus le défi est difficile, plus vous serez motivé pour le relever. L'homme invincible veut des défis difficiles, des défis qui l'obligent à s'améliorer. Faire des choses normales et faciles n'est pas motivant.

Là où les autres ont peur et n'essaient pas, l'homme invincible ose.

L'homme invincible prend des risques.

L'homme invincible traverse la vie avec gaieté et insouciance, comme s'il ne mourrait jamais, ou s'il s'en moquait vraiment.

L'homme invincible ne veut jamais rien faire, il fait toujours ce qui l'intéresse, même si c'est risqué et difficile.

L'homme invincible affronte ses peurs, il est juste et bon, il donne de la joie, du bonheur et de l'amour, parce qu'en fin de compte, on peut obtenir l'amour. En devenant une personne qui met de côté l'hédonisme, la jouissance, on peut devenir quelqu'un qui reçoit l'amour, car l'homme invincible le reçoit aussi s'il le veut.

Rien ni personne ne peut arrêter la volonté de réussir d'un homme invincible.

La revendication d'un
homme invincible.

Pour finir le livre, je vais vous mettre quelques affirmations à répéter dans votre putain de tête tous les putains de jours jusqu'à ce que vous les ayez intégrées et qu'elles restent là, vous donnant le pouvoir de devenir un homme invincible, un être divin.

S'ils n'aiment pas ma façon d'être, qu'ils aillent se faire foutre !

Je suis ce que je veux être.

Je me suis soucié de moi.

Je suis le meilleur.

J'emmerde le voisin.

Ils vont envoyer leur putain de mère.

Je fais ce que je veux.

Je me sens bien.

J'aime être moi-même.

J'aime la vie.

J'apprécie.

Ici et maintenant, je suis dans le moment présent.

Je me concentre sur mon objectif.

Quoi que disent les Don Nadies, ils ne m'emmerderont pas.

Je réussirai, quelles que soient les personnes concernées.

Oui, je suis un coureur de jupons, qu'est-ce qui ne va pas ?

Je suis fier de faire ce que je fais.

Je suis fière de ce que je suis.

Je m'admire moi-même.

Personne n'est plus important que moi dans ce monde.

Je n'ai que moi et mon putain de pouvoir.

Je suis invincible, et même en me tuant, vous ne me vaincrez pas.

Même dans la défaite, je reste invincible.

Je suis prêt à relever tous les défis.

J'améliore tous les aspects de ma vie qui me tiennent à cœur.

Je peux réaliser absolument tout ce que je veux.

Ma confiance en moi est absolue.

Je fais confiance à mon putain de pouvoir.

Je fais confiance à mon putain de pouvoir.

J'ai ce que je veux.

Ma vie est merveilleuse.

Si ma vie n'est pas merveilleuse, je la rendrai merveilleuse.

Je ne ferai rien pour plaire à quelqu'un que je n'aime pas.

Je m'aimais bien.

Je me suis fixé des objectifs ambitieux.

Le temps que j'ai passé dans cette vie restera dans les mémoires.

Qu'ils le veuillent ou non, ils devront m'écouter.

Je suis ici pour faire le bien.

Parfois, faire le bien signifie faire le mal.

Je suis très heureux de faire ce que j'ai à faire.

Tout me plaît énormément.

Il n'y a pas de punition que je ne puisse supporter

Je suis plein et parfait.

Je transmets de la positivité.

Je suis positif et j'attire la positivité.

Je suis un putain de pouvoir manifesté.

J'ai le pouvoir.

Rappelez-vous que vous disposez de l'arme la plus puissante de l'univers, une arme qui vous protégera toujours, vous guidera dans la bonne direction et vous donnera un pouvoir infini. Sachez que si vous développez bien cette arme, vous gagnerez tout ce que vous voudrez.

Vous croyez en votre putain de pouvoir divin infini, que vous augmentez par la méditation et la prise de conscience. Lorsque vous et le putain de pouvoir ne faites qu'un, tout est possible.

Shackleton.

Shackleton était un homme invincible qui s'est lancé avec d'autres braves gens dans une aventure visant à explorer le pôle Sud. Son navire s'est retrouvé piégé dans les glaces et a fini par être tellement emprisonné qu'il a été complètement détruit. Lui et tout son équipage ont été abandonnés sur la banquise et ont survécu en mangeant des phoques et même en jouant au football. Le moral de l'ensemble de l'expédition, malgré tous les revers, était très bon. Les membres de l'expédition savaient qu'ils étaient dirigés par le légendaire Shackleton et ils étaient totalement confiants dans leur capacité à rentrer chez eux.

Shackleton planifie son évasion de la glace et embarque avec quelques autres sur un bateau pour l'île de l'Éléphant, où l'on sait que des baleiniers sont basés. Cette île se trouve à une distance singulière de mille kilomètres de leur position. Un seul degré d'erreur dans leur trajectoire les aurait fait dévier de leur route et ils ne l'auraient pas vue. Mais ils ne se sont pas découragés et ont continué à ramer sur l'océan.

Une énorme tempête a failli couler leur bateau. Incroyablement, ils ont réussi à atteindre l'île de l'Éléphant. Mais à l'endroit où ils sont arrivés, avec le bateau totalement détruit et irréparable, il y avait une énorme chaîne de montagnes qui se dressait entre eux et les bases baleinières. Elle était très haute et les empêchait totalement de l'atteindre, c'était impossible. Mais pour un homme invincible comme Shackleton, ce mot n'existait pas.

Sans tarder, Shackleton entreprend l'ascension de ces montagnes. Après une ascension de 27 heures consécutives, ils atteignirent enfin le sommet. Cet exploit d'escalader ces montagnes sans préparation ni moyens a été considéré comme l'un des plus grands exploits de l'histoire de l'humanité.

Au sommet, après des mois ou Dieu sait combien de temps, ils aperçoivent enfin un petit village. Ils sont descendus et ont raconté leur histoire. En peu de temps, tous les hommes furent secourus par un baleinier. Grâce à la détermination inébranlable de l'intrépide capitaine, ils rentrèrent tous sains et saufs chez eux. Franco Battiato l'a chanté dans une excellente chanson.

J'ai vu cela dans un documentaire à l'hémisphère de la ville des arts et des sciences de Valence et j'ai été stupéfait.

Oui, Shakelton était un homme invincible. L'un des plus grands exploits de l'histoire de l'humanité a été réalisé par cet homme, qui a fait preuve d'une capacité de survie et d'une volonté de vivre au-delà de tout obstacle.

Que cela serve d'exemple à un homme invincible.

Faire de l'exercice pour devenir un homme invincible.

Pour devenir un homme invincible, rien de tel que de valoriser son physique et son mental.

Le physicien.

Vous travaillez votre physique en faisant toutes sortes d'exercices : redressements assis, pompes, course à pied, aérobic, musculation, tout ce qu'il faut. Vous le faites pour être belle. Vous suivez également un régime et vous n'arrêtez pas jusqu'à ce que vous ayez le corps parfait qui vous permettra d'atteindre vos performances maximales. Je n'y connais pas grand-chose et il est donc préférable de consulter des experts.

L'esprit.

Vous devez vous imaginer comme l'homme invincible qui affronte les situations les plus difficiles. Dans cette situation dangereuse ou effrayante, vous devez vous comporter comme l'homme invincible que vous voulez être. Vous le faites à l'aide de l'écran mental en vous relaxant. Après avoir fait cette visualisation, vous prenez conscience que vous êtes déjà comme cela et que vous vous comportez comme cela.

Dans la vie réelle, vous êtes toujours conscient d'être l'homme invincible, le vainqueur, celui qui ne peut pas être vaincu et qui ne peut pas l'être. Vous vous sentez invincible comme la Porsche 911 turbo RS qui sort du virage, comme le char Kind Tiger de la Seconde Guerre mondiale, qui a éliminé 19 chars ennemis à lui tout seul.

Bruce Lee au combat, Casanova en amour.

Vous avez de meilleures armes que les autres, vous avez quelque chose d'écrasant, et vous le manifestez dans votre monde. Vous écrasez tous les problèmes et toutes les difficultés.

Vous avez une confiance en vous maximale. Prenons un exemple. À la fin des années 90, une joueuse brésilienne du Valencia CF, Viola, a prononcé la phrase suivante.

"Si je contrôle le ballon dans la surface, avec certitude, c'est un but". C'est une phrase, c'est une certitude, je m'en souviens encore et je l'ai mise ici à titre d'exemple.

C'est ainsi que vous devriez être, si vous en avez l'occasion, vous concrétiserez certainement votre triomphe.

Il ne suffit pas de gagner, il faut aussi dominer.

L'homme invincible se caractérise par la conscience qu'il a de son pouvoir illimité à tout moment.

La vie est dure et les difficultés sont nombreuses, mais si vous êtes conscient d'être invincible dans les moments difficiles, vous n'abandonnerez pas, vous continuerez à vous battre sans vous soucier de votre situation actuelle, parce que vous savez que vous finirez par gagner, parce que vous n'abandonnerez jamais, parce que vous êtes invincible et que c'est celui qui est invincible qui gagne.

La vie des hommes est particulièrement dure, beaucoup plus dure que celle des femmes, et nous ne nous plaignons de rien, nous gardons la tête haute, nous regardons devant nous et nous relevons un nouveau défi, parce que nous sommes des hommes, le meilleur de la création ! et que rien ni personne ne peut nous arrêter.

Se sentir comme un
homme invincible.

Tout le monde peut être un homme invincible, mais seuls ceux qui ressentent intensément leur putain de pouvoir peuvent être invincibles. En tout temps et en tout lieu, il y a eu des hommes invincibles qui ont accompli des choses légendaires. Il y en a aujourd'hui et il y en aura encore à l'avenir.

Vous devez vous sentir spécial, différent des autres, appelé à de grandes choses. Vous savez que vous avez en vous un pouvoir infini qui peut transformer et façonner le monde entier à votre guise.

Vous pouvez surmonter toutes les difficultés et atteindre tous vos objectifs parce que le putain de pouvoir est avec vous.

Vous regardez, vous respirez et vous sentez le pouvoir en vous. Vous êtes heureux parce que vous êtes invincible, tout ce sur quoi vous vous concentrez se manifeste. Vous créez votre vie et vous en profitez.

Vous marchez dans la rue en sachant à quel point vous vous amusez, vous vous souvenez de la fille que vous séduisez et vous souriez, vous vous sentez spécial, vous savez que vous êtes un gagnant, elles aiment tout ce que vous dites, vous aimez être vous, et vous transmettez votre énorme confiance ; parce que vous savez que les filles vous aiment et que vous vous aimez. Tu aimes être toi-même et tu apprécies énormément la vie merveilleuse que te donne ton putain de pouvoir.

Vous portez en vous le pouvoir de tous les hommes invincibles.

Vous êtes le spartiate des Thermopyles.

Shakelton escalade la montagne.

Magellan traversant le détroit de la Terre de Feu.
Casanova à la conquête.
Vivaldi compose les quatre saisons.
Alaric à la conquête de Rome.
Parfois perdant et souvent gagnant, vous êtes l'homme invincible.
Vive l'homme invincible !
Le monde t'attend, homme invincible, va le conquérir !

Jouons !

Did you love *l'Homme Invincible*? Then you should read *Dur et sans Vergogne*[1] by John Danen!

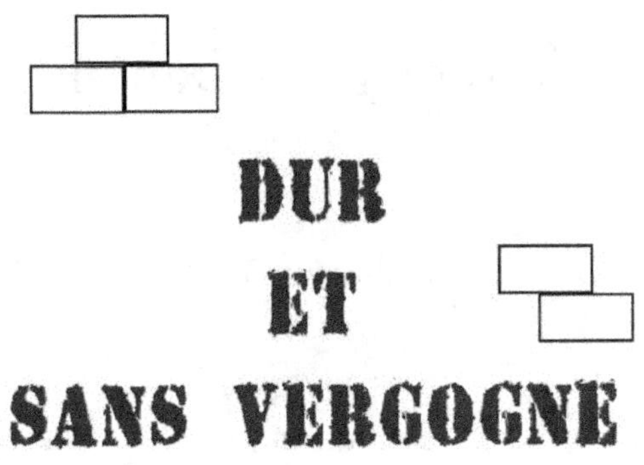

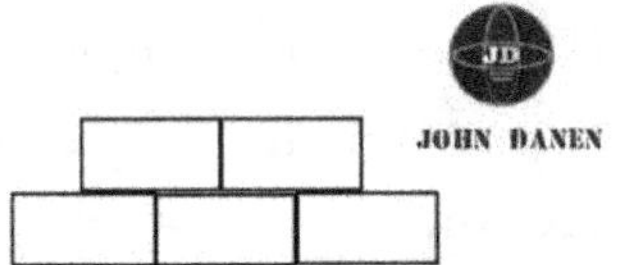

2

Le mauvais garçon ne sort pas de nulle part, il est créé par les coups. Ils le créent eux-mêmes. Du héros battu au méchant vantard, et de là au succès total. C'est le livre à lire si vous voulez devenir un homme dur et sans scrupules qui attire beaucoup de filles. Il ne s'agit pas de ne pas être un mec sympa, il s'agit d'être un vrai dur. Plus difficile que ça, impossible.

---

1. https://books2read.com/u/b5jXV7

2. https://books2read.com/u/b5jXV7

Also by John Danen

Seduction 5.0

S.A.X.

Chicas complicadas

Seducción 5.0

El libro del tonto

Macho Alpha

Macho alpha extracto

La seducción después de la pandemia

Terriblemente atractivo

Seducción 5.1

Sedução 5.1

How to be Cool and Attractive

Sedução. Avançada. X.

Garotas complicadas

¡Basta de ser buen chico! Sé un chico malo.

El método JD. El método de seducción de John Danen

El arte de agradarte a ti mismo

¡Basta ya de abusos! ¡Defiéndete!

Enought with the abuse! Defend yourself!

Máster en seducción

Las mujeres. El amor. Y el sexo.

Supera la dependencia emocional

Atrae mujeres con masculinidad

JD Absoluta seducción

El fracaso del amor

Entender a las mujeres

La vida del seductor sinvergüenza y encantador.

El arte de la dureza

Terrivelmente atraente

Deixe de ser um bom da fita! Seja um mauzão.

Superar a dependência emocional

A arte de se agradar

Pare o abuso! Defenda-se!

O fracasso do amor.

O método JD

Don´t Be a Good Boy! Be a Badass

Complicated girls

The Art of Pleasing Yourself

Duro y Sinvergüenza

Mestre en sedução

JD Method

The Failure of Love. The Trap of Serious Relationships

Master in Seduction

A. S. X. Advanced. Seduction. X

Women. Love. Sex

How to Become a Real Man. Be an Alpha Male

Attract Women with Masculinity

JD Absolut Seductión

Understanding Women

The Life of the Shameless and Charming Seducer.

The Art of Toughness

Tough and Shameless

Überwindung der Emotionalen Abhängigkeit

Maître en séduction

Schrecklich Attraktiv

Surmonter la Dépendance Émotionnelle

L'art de la dureté

Die Kunst der Zähigkeit

Hör auf, ein guter Junge zu sein, sei ein böser Junge
Assez D'être un Bon Garçon ! Sois un Mauvais Garçon.
Die Kunst, sich Selbst zu Gefallen
Dur et sans Vergogne
Hart im Nehmen und Schamlos
L'art de se Plaire à soi-Même
Das Scheitern der Liebe
L'échec de L'amour.
Meister der Verführung
Die JD-Methode
Maestro di Seduzione
Terriblement Attrayant
La Méthode JD
Capire le donne
Compreendendo as Mulheres
Comprendre les Femmes
Die Frauen Verstehen
Les Filles Compliquées
Komplizierte Mädchen
JD Séduction Absolue
La Vie du Séducteur Charmant et sans Vergogne
Les Femmes. L'amour. Et le Sexe.
Mâle Alpha
S.A.X.
V.F.X.
Donne. Amore. E il sesso.
Ragazze Complicate
Superare la Dipendenza Emotiva
Seduzione. Avanzata. X.
Dark Seducción
Il Fallimento Dell'amore.
Il Metodo JD
Alphamännchen

Atrair Mulheres com Masculinidade

Attirare le donne con la Mascolinità

Attirer les Femmes par la Masculinité

Mit Männlichkeit Frauen Anziehen

Frauen. Liebe. Und Sex.

L'arte di Piacere a se Stessi

Mulheres. Amor. E Sexo.

JD Seduzione Assoluta

JD Absolute Verführung

JD Sedução Absoluta

Das Leben des charmanten, schamlosen Verführers

Smettila di Fare il Bravo Ragazzo! Essere un Cattivo Ragazzo.

La Vita del Seduttore Affascinante e Spudorato

A Vida do Sedutor Encantador e sem Vergonha

Macho Alfa

Uomo Alfa

Séduction 5.0

Verführung 5.0

Seduzione 5.0

Duro e Senza Vergogna

Duro e Sem Vergonha

L'arte della Durezza

A Arte da Dureza

The Fool's Book

Das Buch der Dummköpfe

Il Libro dei Pazzi

O Livro do Tolo

Dark Seduction

Dunkle Verführung

Sedução Escura

Dark Seduction

Seduzione Oscura

Le livre du fou

Como materializar lo que deseas con el fxxxxxx power
Como materializar o que você quer com o Fxxxxxx Power
El ángel Sex-terminador
El seductor vampiro
O Vampiro Sedutor
Sex-Terminating Angel
The Vampire Seducer
How to Materialize What You Want With The Fxxxxxx Power
El camino del maestro
Il vampiro seduttore
O camiño do mestre
La via del maestro
Der verführerische Vampir
Le sedusant vampire
Der Weg des Meisters
La voie du maître de la séduction
Master's Path
Come materializzare ciò che si desidera con il Fxxxxxx Power
Wie Sie Ihre Wünsche verwirklichen können mit dem Fxxxxxx Power
El métodô EDP
O método EDP
The E.D.P. Method
Comment matérialiser ce que vous désirez avec le Fxxxxxx power
El hombre invencible
The EDP Method
O Homem Invencivel
l´Homme Invincible
l´Uomo Invincible

About the Author

Español.

Soy un hombre vividor y divertido que busca el lado bueno de las cosas siempre.

Mi experiencia es el campo de las relaciones personales y de la seducción. Por eso tras dedicarme larguísimas décadas a ello, quiero trasmitir mis conocimientos. Para que las nuevas generaciones tengan unos conceptos que les den una ventaja competitiva sostenible y poderosa en el campo del amor.

Quiero ayudarte a a conseguir tus metas.

Portugués.

Sou um homem animado, e divertido, que sempre procura o lado bom das coisas.

Minha experiência está no campo das relações pessoais e da sedução. É por isso que, após décadas de dedicação a ela, quero transmitir meus conhecimentos.

Quero ajudá-los a alcançar seus objetivos.

Inglés

I am a lively and fun man, who always looks for the good side of things.

My experience is in the field of personal relationships and seduction. That is why, after decades of dedicating myself to it, I want to pass on my knowledge. So that the new generations have concepts that give them a sustainable and powerful competitive advantage in the field of love.

I want to help you achieve your goals

Français Je suis un homme vif et drôle qui cherche toujours le bon côté des choses.

Mon expérience se situe dans le domaine des relations personnelles et de la séduction. C'est pourquoi, après m'y être consacré pendant des décennies, je veux transmettre mes connaissances. Pour que les nouvelles générations disposent de concepts qui leur donnent un avantage concurrentiel durable et puissant dans le domaine de l'amour.

Je veux vous aider à atteindre vos objectifs.